Marthi Pritzker–Ehrlich (Hg.) • „Sehnsucht nach der Erfüllung"

Zum 125-Jahr-Jubiläum
der Psychiatrischen Klinik
Königsfelden von 1997

Marthi Pritzker-Ehrlich (Hg.)

„Sehnsucht nach der Erfüllung"

Forschungen zu Psychose und Psychopharmaka
von Dr. med. Boris Pritzker

1940 – 1948

FRIELING

Die Deutsche Bibliothek – CIP-Einheitsaufnahme
Pritzker, Boris:
„Sehnsucht nach der Erfüllung" : Forschungen zu Psychose
und Psychopharmaka / Boris Pritzker. –
Marthi Pritzker-Ehrlich
Orig.-Ausg., 1. Aufl. – Berlin : Frieling, 1997
(Frieling-Medizin)
ISBN 3-8280-0308-7
NE: Pritzker-Ehrlich, Marthi (Herausg.)

© Frieling & Partner GmbH Berlin
Hünefeldzeile 18, D-12247 Berlin-Steglitz
Telefon: 0 30 / 7 74 20 11

ISBN 3-8280-0308-7
1. Auflage 1997
Titelgestaltung: Marthi Pritzker-Ehrlich
Sämtliche Rechte vorbehalten
Printed in Germany

Inhaltsverzeichnis

"... am Unheilbaren soll man Arzt sein wollen ..."
(Stefan Zweig)

1	Wider das Vergessen- und Verschwindenlassen (Dr. Marthi Pritzker-Ehrlich, Historikerin, Brugg)	9
2.1	Vorwort von Dr. Mario Etzensberger, Chefarzt der Psychiatrischen Klinik Königsfelden, Windisch/AG	11
2.2	Vorwort von Prof. Dr. René Spiegel, Sandoz/Novartis AG, Basel	16
3	Von Rußland in die Schweiz – eine biographische Notiz von Dr. Marthi Pritzker-Ehrlich, Brugg/AG	19
4	Aus dem Briefwechsel B. Pritzker – Sandoz von 1943–1948 betreffend Dihydroergotamin/DHE 45 (und Lysergsäure–Diäthylamid/LSD)	23
5	Schriften von B. Pritzker	44
5.1	„Labyrinth des Todes" (30. November 1940 bis 30. März 1943)	44
5.2	„Sehnsucht nach der Erfüllung" (9. April 1943 bis 13. April 1944)	87
5.3	„Spannung und Entladung" (25. Juni 1944 bis 28. November 1946)	120
6.1	Zusammenfassendes Schlußwort	157
6.2	Kurzbiographie von Marthi Pritzker-Ehrlich (geb.1944)	159
6.3	Anmerkung zur Textredaktion	160

„... Nietzsche hat das furchtbare Wort hingeschrieben: Am Unheilbaren soll man nicht Arzt sein wollen. Aber das ist so ziemlich der falscheste Satz unter all den paradoxen und gefährlichen, die er uns zum Auflösen gegeben. Genau das Gegenteil ist richtig, und ich behaupte: gerade am Unheilbaren soll man Arzt sein wollen, und mehr noch: nur am sogenannt Unheilbaren bewährt sich ein Arzt. Ein Arzt, der von vorneweg den Begriff ‚unheilbar' akzeptiert, desertiert vor seiner eigentlichen Aufgabe, er kapituliert vor der Schlacht. Selbstverständlich, ich weiß, einfacher, handlicher ist es schon, in gewissen Fällen einfach ‚unheilbar' zu sagen und mit resigniertem Gesicht und eingeheimstem Konsultationshonorar sich wegzudrehen ..."

Stefan Zweig, Ungeduld des Herzens, Roman. Fischer Taschenbuch Verlag 1995, S. 188. Erstausgabe: Fischer Verlag 1939.

1 Wider das Vergessen- und Verschwindenlassen

Wohl viele Schweizer Familien horten in ihren Schubladen Briefschaften und Familiendokumente, doch es spielt keine besondere Rolle, wann oder ob sie je gelesen werden, denn Kinder und Kindeskinder werden das Erbe übernehmen.

Einige andere Familien, vorwiegend jüdischen Ursprungs, sind Anfang dieses Jahrhunderts in die Schweiz eingewandert und Bürger geworden, doch gab es für sie keine Sicherheit des Berufs oder bleibenden Wohnorts. Die durch die historischen Ereignisse öfter aufgezwungene Wanderschaft führte außerdem dazu, daß jeweils nur zwei oder drei Generationen im Land leben konnten. Wenn zudem – aus welchen Gründen auch immer – die Nachkommenschaft ausblieb, so war die demographische Folge im kleinen Rahmen dieser einen Familie klar: Verschwinden, anderswo weiterexistieren oder aussterben. Kein Verlust für die Schweiz?

Dokumente aus solchen Familien dienen um so mehr der Spurensicherung. Haben sie eine gewisse gesellschaftliche Relevanz, wie im Fall von Boris Pritzker, so sind sie auch für die Gemeinschaft historisch wichtige Zeugnisse – würde man meinen. Die Erfahrung lehrt auch anderes: Archive können das wichtigste Gedächtnis einer Sozietät, aber auch ein verschließbares Grab sein, und viele Zeitgenossen in mächtigen Positionen erkennen die sensiblen Zeichen der Vergangenheit kaum, sind gleichgültig gegenüber dem Wert solcher dokumentarischer Hinterlassenschaften.

In diesem Sinne ist, allen Widerständen zum Trotz, die vorliegende Broschüre entstanden. Den beiden Herren Dr. M. Etzensberger und Prof. Dr. R. Spiegel danke ich nochmals für ihren persönlichen Einsatz.

M. Pritzker-Ehrlich,
Lausanne, Centre Hospitalier Universitaire Vaudois (CHUV),
Centre Pluridisciplinaire d'Oncologie, Oktober 1996

2.1 Vorwort von Dr. M. Etzensberger, Chefarzt der Psychiatrischen Klinik Königsfelden, Windisch/AG

Ab und zu ist es einem vergönnt, wie durch ein lange nicht geputztes Fenster in die Vergangenheit zu blicken. Durch die Spinnweben unserer Denkmuster und den Staub der Mode sehen wir einen Mann, der in den 40er Jahren unseres Jahrhunderts von seinen Forschungen berichtet, von Versuchen mit einem neuen Medikament, vielmehr aber noch vom spekulativen Suchen nach den Hintergründen der menschlichen Person und ihres Krankseins.

Die Korrespondenz von Dr. B. Pritzker mit der Herstellerfirma des Versuchspräparates „DHE 45" verrät, wie einsam, aber auch schrecklich frei die Forscher vor 50 Jahren gewesen sein mußten. Leider fehlen jegliche Hinweise auf das detaillierte Vorgehen, es werden lediglich die Medikamentenmengen und die Resultate berichtet. Offenbar gab es trotz seitenlanger Protokolle noch keine Überwachung durch die Firma, keine good medical praxis, keine Erlaubnis einer ethischen Kommission, weder die Vorschriften eines Gesundheitsgesetzes, noch eine kritisch-aufmerksame Öffentlichkeit. Fast neidisch blicken wir auf den Kollegen, wie er seine Fragen stellen, sein Handeln frei und unumschränkt planen durfte. Und doch beschleicht einen ein ungutes Gefühl, was denn die „Beforschten" zu alledem zu sagen hatten. Wahrscheinlich wenig.

Es waren psychisch schwerkranke Menschen, die aus ihrer Krankheit heraus, aus übergroßer Angst, aus der Situation des Gefangenseins inmitten vieler anderer Patienten (es gab damals noch Säle mit 30 Betten) und sicher damals wie heute aus der Überforderung des Personals heraus in Erregung gerieten, schrien, um sich schlugen, tobten, zerstörten, sich und andere gefährdeten. Pritzker erwähnt in seinen Aufzeichnungen ganz nebenbei, daß sich solche Zustände über Tage, ja Monate hinziehen konnten. Daneben gab es mehr als heute die steif-katatonen Schizophrenen, welche ebenfalls über Monate hin in völliger Erstarrung verharrten, Puppen gleich, deren Glieder sich beliebig verbiegen lassen und diese Stellung unverändert beibehalten.

Spezifische Medikamente (Neuroleptika) gab es noch nicht, mit Narkotika, vor allem Morphium, Festbinden, künstlich erzeugten epileptischen Anfällen (Elektroschock und Kardiazolschock) und Unterzuckerungen durch Insulin versuchte man, den Symptomen, aber auch dem Leiden Herr zu werden. Und da zeigten plötzlich Medikamente mit Wirkung auf das vegetative Nervensystem Erfolge, beruhigten, ohne zu narkotisieren.

Voller Begeisterung, Hoffnung, aber auch wacher Beobachtung machte sich Pritzker daran, möglichst viele der Königsfelder Patienten auf diese Weise zu behandeln. Ganz am Ende und fast beiläufig tauchen jene drei Buchstaben „LSD" auf, welche Jahrzehnte später unter dem Überbegriff Drogenproblem eine Rolle spielen sollten.

Tröstlich für uns ist die Tatsache, daß schon damals der Alltag derart „gefräßig" sein mußte, daß die Berichte und Arbeiten immer wieder verschoben und unter Entschuldigungen neu versprochen wurden. So sind denn auch nur Skizzen und Briefe auf uns gekommen. Rührend mutet auch die damalige materielle Anerkennung für die Forschungen an, nämlich eine Schreibmaschine. Dabei darf man natürlich nicht vergessen, daß in jener Zeit lediglich die Direktion und die Verwaltung über ein solches Wunderding verfügten.

Noch viel interessanter als dieses Stück Therapieforschungsgeschichte sind meines Erachtens aber die tagebuchartigen Einblicke in das suchende Denken Pritzkers. Für den Eingeweihten haben seine Zeilen fast etwas „Ulyssesartiges" an sich; denn viele Zeitströmungen, ganz zuvorderst die Psychoanalyse, lassen sich wie versteckte Zitate in seinen Texten erahnen und erkennen.

So sind die Theorien von Pritzker einerseits biologisch, vom Gehirn als Organ her bestimmt, wenn z.b. vom „Stoff", der die Erregung bewirke, oder von der Wichtigkeit des Stammhirnes, des vegetativen Nervensystems, ja des ganzen Körpers für das Seelenleben die Rede ist. Andererseits spielen psychologisch-dynamische Ansichten eine ebenso große Rolle. So kann Pritzker die These aufstellen, die Schizophrenie sei ein Verzicht auf das Leben, ja ein Selbstmord auf Zeit, als wenn eine seelische Instanz angesichts der je individuellen Situation des Menschen absichtlich einen solchen Weg einschlüge. Auf diesem Gleis, daß nämlich seelische Erkrankungen einen Sinn für den Organismus haben, fahren noch heute fröhlich einige psychotherapeutische Schulen und nicht zuletzt die Anhänger esoterischer Heilslehren. Realistisch wie ein typischer Praktiker, bezog Pritzker sogleich die Konstitution mit ein, vor allem bei der Frage, warum denn ein Mensch sich in die Schizophrenie und nicht in eine andere beliebige Krankheit flüchte.

Ganz nahe fühlt man sich ihm als Psychiater, wenn er Grundfragen stellt, ausgehend vom Ursprung jeglicher Krankheit bis hin zur Wurzel der psychischen Organisation, ja des Lebens überhaupt. Diese Fragen beschäftigen uns noch heute, und eine Antwort steht in den Sternen geschrieben.

Faszinierend wird es beim Lesen, wenn seine Gedankengänge kreuz und quer irrlichtelieren, er an den damaligen Erkenntnissen über das vegetative Nervensystem kleben bleibt, alles daraus verstehen und ableiten zu können glaubt und mitunter sogar aus heutiger Sicht in die Irre geht. Handkehrum streift er aber auch Dinge, von denen wir heute nach gut 50 Jahren überzeugt sind. So verneint er ein „Bewußtseinszentrum"; man hat ein solches auch in der „Dekade des Gehirns" bisher nicht gefunden. Er versteht den Intellekt als aus dem Affekt, also den phylogenetisch alten Hirnanteilen geboren und würde sicherlich mit Genugtuung ein Buch wie die „Affektlogik" von Luc Ciompi lesen oder mit Staunen die Erkenntnisse über das limbische System als Hauptschaltstelle für Gedächtnis, Gefühle und Persönlichkeit zur Kenntnis nehmen.

Pritzker macht die Anbetung der Großhirnrinde nicht mit, redete damals schon von Ganzheit und wies Erinnerungen (Engramme) dem ganzen Körper zu. Wir glauben heute zu wissen, daß das Gedächtnis gleichsam holographisch (das Ganze ist in jedem Bruchstück enthalten) gespeichert ist und „Geist" nicht in Zentren wohnt, sondern lebendige Muster als „Geist" über das Gehirn, ja den ganzen Organismus, Leib und Seele!, hinhuschen.

Mein Vorwort wird vielleicht etwas konfus wirken, aber es spiegelt eben nicht ein geschlossenes, ausgefeiltes Werk, sondern, wie oben schon erwähnt, ein rastloses, kreisendes und immer wieder neu ansetzendes Suchen wider.

Ein kleiner Abschnitt sei zum Schluß noch speziell erwähnt, nämlich die lebendige Schilderung der Freizeitaktivitäten im damaligen Königsfelden. Die Mauern standen noch, Patienten und Personal bildeten eine Schicksalsgemeinschaft, alle wohnten, lebten, litten und freuten sich miteinander. Das Fernsehen und Individualvergnügungen haben die Gemeinschaft abgelöst. Doch noch immer ist Freizeit und ihre Gestaltung ein wichtiger Teil von Therapie und Rehabilitation. Und wenn sich ein kranker Mensch in seinem tiefen Mißtrauen anderen gegenüber aus der Reserve locken läßt, so ist dies, wie Pritzker schon damals wußte, Behandlung und nicht versteckte Faulheit des Personals.

Vielleicht mag sich dieser oder jener Leser fragen, wie man überhaupt dazu komme, ein solches Mosaik an Gedanken, Berichten, Theorien und Briefen zu veröffentlichen, gibt es doch genügend Literatur über die Geschichte der Psychiatrie, der Medizin und ihrer Erfolge wie Mißerfolge.

Für mich sind sorgfältig recherchierte und übersichtlich gestaltete Geschichtsbücher ein Muß und ab und zu sogar ein Genuß. Nur so entsteht die Gestalt unserer Vergangenheit, etwas Ganzes mit vielen Bezügen und Zusammenhängen. Doch lebendig wird Geschichte meist erst am konkreten Schicksal von Menschen mit alltäglichen Namen und Gesichtern, nicht von Helden, Königen und Kaisern.

Wie oft war ich schon in Verdun und wurde erschüttert vom Elend und Weh der Menschen in jenem Ersten Weltkrieg. Doch zugleich blieben sie wie fern und fremd. Erst als ich durch die aufgezeichnete Familiengeschichte meiner Mutter erfuhr, daß einer meiner Großonkel mütterlicherseits in jener Mondlandschaft, inmitten von Schlamm und Fliegen, gefallen war, blieb ich nicht mehr nur mitfühlender Beobachter, ich war Beteiligter geworden. – So ähnlich verhielt es sich bei mir mit den Schriften von Dr. B. Pritzker. Auch er arbeitete in Königsfelden, er lebte in denselben Räumen wie ich, und es gibt sogar noch Patienten und Patientinnen, die von ihm behandelt wurden. Auf diese Weise wurde aus abstrakter Geschichte lebendige Vergangenheit, und dies erst recht dadurch, daß sich die Dinge wie im wirklichen Leben scheinbar wahllos aneinanderreihen.

Windisch, 15. Oktober 1996

2.2 Vorwort von Prof. Dr. René Spiegel, Sandoz/Novartis AG, Basel

Warum sollten uns die hinterlassenen Schriften von Dr. Pritzker heute, 50 Jahre nach ihrer Entstehung, interessieren?

In den hier vorgelegten – meist dürren, thematisch begrenzten, emotional weitgehend neutralen und vielfach repetitiven – Fragmenten müssen wir vieles aus unserer eigenen Phantasie ergänzen. Was wir erkennen, ist die über Jahre fortgesetzte Suche nach einer brauchbaren medikamentösen Therapie und einem theoretischen Verständnis von Geisteskrankheiten, insbesondere von Schizophrenien. Es tauchen Namen von Pharmaka auf, die in späteren Jahren und in anderem Zusammenhang bekannt oder berühmt wurden: das Cholinomimeticum Physostigmin, das Halluzinogen LSD-25; weitere Substanzen – Mesantoin und DHO 180 – sind inzwischen nur noch wenigen bekannt, während das bei Dr. Pritzker im Zentrum stehende DHE-45 (Dihydergot®) heute kaum noch in der Psychiatrie, hingegen bei Patienten mit Migräne erfolgreich verwendet wird.

Soll man die folgenden Seiten unter dem Titel „Dr. Pritzker – ein Pharmakopsychiater avant la lettre" lesen? Man kann – und aus dieser Perspektive ergeben sich einige interessante Aspekte. Wie Dr. Etzensberger in seinem Vorwort betont, erfahren wir über das wissenschaftliche Vorgehen Dr. Pritzkers in seinen klinischen Pharmakastudien wenig: Wir können keine Einzelbeobachtungen, keine tabellarischen Zusammenfassungen, statistischen Auswertungen und Diskussionen von Resultaten nachvollziehen. Wir erfahren lediglich, daß die Substanz DHE-45, ein neues Sympathicolyticum der Sandoz AG in Basel, aufgrund gewisser (aus heutiger Sicht falscher) Hypothesen ab März/April 1943 an schizophrenen Patienten mit psychomotorischer Erregung geprüft wurde. Wir lesen sodann in einem Bericht vom Dezember 1946, daß 32 von 34 untersuchten Patienten mithilfe von DHE-45, teilweise in Kombination mit Atropin und Bellafolin, beruhigt werden konnten. Die verwendeten Dosen variierten von Patient zu Patient stark, doch wies DHE-45 in der geprüften Indikation gegenüber anderen dämpfenden Medikamenten mehrere Vorteile auf: Die Patienten wurden nicht narkotisiert, verwirrt oder berauscht, Sucht oder Gewöhnung blieben aus, in geeigneten Fällen bestand die Möglichkeit der prophylaktischen Verabreichung, und auch in hohen Dosen zeigten sich keine Nebenerscheinungen, die eine Unterbrechung der Therapie erfordert hätten.

Liest man heute die Ankündigungen neuer Psychopharmaka – Neuroleptika, Antidepressiva, Tranquilizers –, so tönt der Erfahrungsbericht des Dr. Pritzker recht vertraut: Ähnliche Vorteile werden für fast jedes neu im Markt auftauchende Medikament beansprucht, und jedes wird als wesentlicher therapeutischer Fortschritt gefeiert. Warum denn ist Dr. Pritzker mit seiner Entdeckung der Wirkungen von DHE-45 bei erregten Schizophrenen nicht in die Psychiatrie-Geschichte eingegangen? Wo er doch auch berichtete, daß DHE-45 imstande sei, die Halluzinationen entweder zu beseitigen oder in ihrer Intensität herabzusetzen (eine Wirkung, die nach heutiger Meinung nur den Neuroleptika eigen ist)?

Die Karriere des DHE-45 und weiterer vagolytischer und sympathicolytischer Verbindungen in der Psychiatrie war Ende der 40er Jahre auf ihrem Höhepunkt. Schon anfangs der 50er Jahre wurde in Frankreich eine ebenfalls vago- und sympathicolytisch, außerdem auch antihistaminisch wirksame Substanz, wiederum aufgrund falscher Hypothesen, versuchsweise bei schizophrenen Patienten eingesetzt. Diese Verbindung, Chlorpromazin, erwies sich allen bis dahin bekannten Medikamenten dieser Indikation als weit überlegen. Auch Chlorpromazin wurde zunächst als vor allem vegetativ wirksames Sedativum angesehen; seine für die sogenannt antipsychotische Wirkung entscheidenden pharmakologischen Merkmale wurden erst viel später beschrieben. Hätte Dr. Pritzker also einige Jahre später mit der französischen Firma Rhone-Poulenc und nicht mit Sandoz zusammengearbeitet, so wäre er heute vielleicht als der Entdecker des ersten Neurolepticums bekannt.

Hätte, wäre und vielleicht... dieses Schicksal teilt Dr. Pritzker mit vielen anderen Wissenschaftlern, die sich über Jahre und Jahrzehnte redlich um Erkenntnis bemühten, deren Bemühungen aber nicht in die Geschichtsbücher eingingen. Umso mehr ist es zu schätzen, daß einem von ihnen, stellvertretend für viele, von seiner Schwiegertochter ein kleines Denkmal gesetzt wird, ein Gedenkstein, der uns auch daran erinnern kann, daß zur gleichen Zeit, als der staatenlose Arzt Dr. Pritzker in der Psychiatrischen Klinik Königsfelden eine Behandlung für schizophrene Patienten suchte, weniger als 20 Kilometer nordwärts eine Mordmaschine im Betrieb war, der Zehntausende psychiatrischer Patienten und Millionen gesunder jüdischer Schicksalsgenossen des Dr. Pritzker zum Opfer fielen.

Basel, 26. November 1996

3 Von Rußland in die Schweiz – eine biographische Notiz von Dr. Marthi Pritzker-Ehrlich, Historikerin, Brugg

Als Boris Pritzker 1908 geboren wurde, lebten seine Eltern bei Kursk (südlich von Moskau), im alten Kerngebiet des Zarenreiches. Der Vater durfte als Mühlenbau-Ingenieur seinen Wohnsitz je nach Bedarf wechseln, war jedoch grundsätzlich an den jüdischen Ansiedlungsrayon zwischen Ostsee und Schwarzem Meer gebunden. Der gefragte Spezialist zog bald darauf in die ukrainische Kornkammer, nach Odessa am Schwarzen Meer, dann, näher zu den Karpaten, nach Kischinew in Bessarabien. Boris Pritzker besuchte hier die Schulen. Hier überraschte der Erste Weltkrieg die Familie mit nunmehr einem Sohn und einer kleinen Tochter. Der Vater wurde in die zaristische Armee eingezogen und blieb zwei Jahre ohne Nachricht weg. Bald nach seiner Rückkehr brach die kommunistische Revolution aus. Rumänische Truppen besetzten im Januar 1918 das geschichtsträchtige, fruchtbare Land bis zum Dnjestr, dessen rumänische Bevölkerung die Loslösung von Rußland begrüßte. Da Rumänien zu den alliierten Siegermächten des Ersten Weltkriegs gehörte, wurde die Annexion Bessarabiens hingenommen. Erst Stalin machte sie 1940 rückgängig.

Mit einem rumänischen Maturitätszeugnis absolvierte Boris Pritzker 1926 bis 1932 in Basel ein Medizinstudium mit abschließendem Doktorat für Ausländer über die Toxizität der Galle.(1) Basel hatte er gewählt, weil sein Onkel – Mitbegründer der genossenschaftlichen Siedlung Freidorf bei Muttenz – ihn in sein Haus aufnahm. Dr. Jakob Pritzker war, nach dem Chemiestudium in Bern, bereits Schweizer geworden. Er arbeitete in Basel für den Verband schweizerischer Konsumgenossenschaften.

Seine ersten Anstellungen fand Boris Pritzker in der medizinischen, dann in der psychiatrischen Universitätsklinik in Basel sowie in der Nervenheilanstalt Hasenbühl in Liestal, BL.

Mitte 1937 wurde er Assistenzarzt in der Heil- und Pflegeanstalt Königsfelden (heute: Psychiatrische Klinik) im aargauischen Windisch. Die über zehnjährige Tätigkeit in Königsfelden gehörte zu den wertvollsten Erfahrungen. Die Auseinandersetzung mit den 186 Scharfrichterkandidaten im Fall Irniger nahm hier 1938/1939, unter dem Chefarzt Dr. Arthur Kielholz, ihren Anfang. Pritzker engagierte sich damit auch gegen die Todesstrafe.(2) In Königsfelden vertiefte Pritzker aber auch seine Forschungen zu Psychose und Psychopharmaka.(3) Der junge Arzt gründete zudem eine Familie und nahm den katholischen Glauben seiner Frau an. Beim Wagnerhof in Windisch/AG kaufte er ein Haus.

Ab 1942 bemühte er sich einmal mehr um das Schweizer Bürgerrecht, nachdem ihm die rumänische Staatsbürgerschaft 1938 aus rassisch-antisemitischen Gründen aberkannt worden war.

Außerdem wollte er für das deutschlandfreundliche Rumänien keinen Kriegsdienst leisten und in der Schweiz bleiben. Er erhielt kurz nach Kriegsende die aktive Unterstützung der Gemeindebehörden und der Klinik unter ihrem neuen Chefarzt Dr. Peter Mohr. Das Protokoll der Einwohnergemeindeversammlung von Windisch vom 29. Juni 1945, „abends 7.30 Uhr in der Turnhalle", enthält über den Gesuchsteller folgende Bermerkung im Geist jener Zeit:

„... spricht auch geläufig Schweizerdeutsch. Hätte noch etwas gefehlt, so wäre der Mangel durch die am 17. Oktober 1939 erfolgte Verehelichung mit einer Schweizerin ... behoben worden. ... Er und seine Familie sind einer Einbürgerung durchaus würdig ..."

Die neue Würde kostete immerhin etwa ein Drittel eines Jahresgehalts. Da jedoch ein berufliches Weiterkommen im Aargau nicht möglich war, übernahm Pritzker ab Mitte 1948 bis 1953 im Kanton Graubünden die Oberarztstelle in den Kantonalen Heilanstalten Beverin und Realta, und 1953 bis 1962 leitete er in Schaffhausen die klinische Forschungsabteilung der pharmazeutischen Fabrik Cilag-Chemie. Die inzwischen fünfköpfige Familie lernte die Schweiz kennen.

Das Erinnerungsbuch mit dem Titel „Königsfelden 1872–1972. Zentenarschrift einer Psychiatrischen Klinik" (Windisch 1972) des ehemaligen Kollegen Dr. Hans Günther Bressler erwähnt Pritzker an seiner letzten Wirkungsstätte, der psychiatrischen Privatklinik „Friedheim" im thurgauischen Zihlschlacht. Nach dem frühen Tod seiner Frau und der Wiederverheiratung führte er diesen seinen eigenen Betrieb gemeinsam mit der zweiten Gattin. Hier konnte er bis zum Tod 1983 seine pharmakologischen, psychiatrischen, therapeutischen und unternehmerischen Fähigkeiten gesamtheitlich voll entfalten.

Boris Pritzker war in seinem wechselvollen Leben öfter auf

amtliche Papiere, Ausweise, Zeugnisse, Bescheinigungen, Empfehlungen und Curricula angewiesen. Außerdem wußte er spannend zu erzählen und auf Fragen gezielt zu antworten. Somit ist die Quellenlage trotz der verlustreichen kriegerischen und revolutionären Wirren der ersten Jahrunderthälfte im europäischen Raum zwischen Rußland und der Schweiz einigermaßen befriedigend.

(1) Pritzker, Boris: Experimentelle Prüfung der toxischen Wirkung von Galle und Gallenbestandteilen bei subduraler Applikation, zugleich ein Beitrag zur Toxikologie des subduralen Hämatoms, Dissertation, Basel 1934.

(2) Pritzker-Ehrlich, Marthi (Hg.): Schweizer Scharfrichterkandidaten 1938/1939. Materialien aus den Jahren 1938–1946 von Boris Pritzker. Frankfurt/Main 1993.

(3) Pritzker, Boris: Aus der Kantonalen Heil- und Pflegeanstalt Königsfelden. Direktor: Dr. P. Mohr. Die Beeinflussung der psychomotorischen Erregung durch Dihydroergotamin (DHE 45). Vorläufige Mitteilung. In: Schweizerische Medizinische Wochenschrift, 77. Jahrgang, Nr. 37/38, Sept. 1947.

4 Aus dem Briefwechsel B. Pritzker – Sandoz von 1943-1948 betreffend Dihydroergotamin / DHE 45 (und Lysergsäure-Diäthylamid / LSD)

4.1

Basel, den 26. März 1943

Sehr geehrter Herr Doktor,
in Bestätigung des Telephongespräches, das Sie kürzlich mit unserem wissenschaftlichen Mitarbeiter, Herrn Dr. Bohny, hatten, gestatten wir uns, Sie noch auf das von uns hergestellte neue Sympathicolyticum hinzuweisen. Durch chemische Eingriffe am Ergotamin gelang es, ein neues Alkaloid herzustellen, das sich in pharmakologischer Hinsicht von theoretischem und praktischem Interesse erweist. Es erhielt vorläufig die Bezeichnung DHE 45. Es erweist sich ganz allgemein wesentlich weniger toxisch als Ergotamin; bei gewissen Tierarten übersteigt der Unterschied das Fünffache. Die brechenerregende Wirkung ist bei Katze und Hund, welche Versuchstiere sich für solche Versuche am besten eignen, 8–10mal schwächer als für Ergotamin. DHE 45 besitzt überraschenderweise keine Uteruswirkung mehr, hingegen die sympathicolytischen Eigenschaften in mindestens ebenso ausgesprochener Weise wie das Ergotamin. Letztere Wirkung wurde am Kreislauf, an isolierten Organen, an Adrenalinhyperglykämie in vielen Versuchen regelmäßig bestätigt. Somit ist das DHE 45 ein Ergotamin von geringerer Toxizität, geringeren Nebenerscheinungen und ohne Uteruswirkung.
Indikationen: für die klinisch-therapeutische Prüfung kommen somit die Ergotamin-Indikationen in Frage, welche sich auf dem Gebiete der vegetativen Störungen bewegen, so vor allem bei hyperthyreotischen Zuständen, Migräne, Klimaxstörungen usw. ...

Es interessiert Sie vielleicht noch zu vernehmen, daß bei hohen Dosen sich bei den Versuchspersonen ein gewisses Schlafbedürfnis einstellte und daß nach 1–2 mg regelmäßig eine Herabsetzung des Pulses um 10–15 Schläge pro Minute beobachtet werden konnte, eine Erscheinung, die auch bei Gynergen bekannt ist.

Für Ihre Untersuchungen an geeigneten Patienten mit Schizophrenie senden wir Ihnen: ...

mit vorzüglicher Hochachtung
SANDOZ AG

4.2

Basel, den 29. April 1943

Sehr geehrter Herr Doktor,

wir kommen zurück auf Ihr heutiges Telephongespräch mit unserem wissenschaftlichen Mitarbeiter, Herrn Dr. Bohny. Mit Interesse haben wir vernommen, daß Ihre Versuche mit DHE 45 zufriedenstellende Resultate ergeben haben. Gerne senden wir Ihnen Ihrem Wunsche entsprechend *4 x 100 ccm Gynergen-Lösung* zur Fortsetzung Ihrer vergleichenden Untersuchungen. Wir werden Ihnen später gerne auf Abruf wiederum DHE 45-Lösung zukommen lasse ...

Mit vorzüglicher Hochachtung
SANDOZ AG

4.3

15. November 1943

Herrn Professor E. Rothlin
Pharmakologisches Laboratorium
Sandoz AG
Basel

Sehr geehrter Herr Professor,
　hiemit verdanke ich bestens die von Ihnen am 1.ds. liebenswürdigerweise zugestellten Versuchsmengen von DHE 45. Die Versuche mit mehreren erregten Patienten sind in ein Stadium getreten, wo DHE und Gynergen mit verschiedenen Mengen Atropin kombiniert werden. Es werden dabei in einigen Fällen täglich 100–160 Tropfen DHE verabreicht! Dies bedingt leider einen starken Verbrauch von DHE, und ich wäre Ihnen zum Dank verpflichtet, wenn Sie mir wieder DHE-Lösung zur Verfügung stellen könnten. Wäre es eventuell möglich, eine konzentriertere Lösung herzustellen? Es werden nämlich 40–50 Tropfen pro dosi verabreicht. Auch dürfte es für die Fabrik eventuell einfacher sein, die Lösung in Fläschchen von 100 ccm abzufüllen.
　Ich beabsichtige, die Ergebnisse der nun seit bald 1 Jahr dauernden Versuche zu einer Abhandlung zusammenzufassen. Ich werde im Verlaufe dieser Arbeit nach Basel kommen und mir erlauben, mich bei Ihnen nochmals anzumelden. Nachdem Sie mir die Präparate stets in unbeschränkter Menge überlassen haben und da DHE 45 ja noch nicht zum Verkauf zugelassen wurde, möchte ich gern noch einige diesbezügliche Fragen abklären.
　Gegenwärtig bin ich daran, Literatur zu bearbeiten. Ich bin aber nicht in der Lage, das Buch von Müller, Lebensnerven und Lebenstriebe[1] zu erhalten. Sollte das Buch in Ihrer Bibliothek figurieren, so wäre ich Ihnen dankbar für die Überlassung desselben für etwa 3 Wochen.
　50 leere Fläschchen werden mit der Morgenpost abgeschickt.

Ihr Entgegenkommen verdanke ich bestens und begrüße Sie, sehr geehrter Herr Professor
mit vorzüglicher Hochachtung
B. Pritzker

(1) Müller, Ludwig Robert: Lebensnerven und Lebenstriebe. Berlin 1931.

4.4

Basel, den 16. November 1943

Sehr geehrter Herr Kollege,
ich bestätige Ihnen bestens dankend Ihr Schreiben vom 15. ds. und bin sehr gerne bereit, Ihnen das Buch von Müller: „Lebensnerven und Lebenstriebe" zu leihen, möchte Sie aber bitten, mir dieses nach 3 Wochen wieder zuzustellen, da das Buch doch öfters bei uns verlangt wird.

Es wird mich freuen, Sie wieder einmal hier zu sehen, um mich mit Ihnen über Ihre Untersuchungen zu unterhalten. Ich werde voraussichtlich bald in der Lage sein, Ihnen einen noch wirksameren Körper als DHE zur Verfügung zu stellen und möchte Sie deshalb bitten, so lange von einer Publikation abzusehen, bis der neue Körper untersucht ist.

Mit den besten kollegialen Grüßen bin ich
Ihr E. Rothlin

P.S. Ich ließ Ihnen zur Fortsetzung Ihrer Versuche 9 x 100 ccm von DHE 45 zugehen.

4.5

4. April 1944

Herrn Prof. Dr. Rothlin
Chemische Fabrik Sandoz
Basel

Sehr geehrter Herr Professor,
 wollen Sie mein langes Schweigen entschuldigen, leider war ich verhindert, Ihnen zu berichten. Die Beanspruchung hier in der Anstalt war, besonders durch verschiedene große Gutachten, derart, daß ich bisher noch nicht dazu kommen konnte, alle Ergebnisse der bisherigen Versuche zusammenzustellen. Jetzt aber bin ich daran. Ich werde also Ihnen die sämtlichen Protokolle übermitteln, sobald die Zusammenstellung beendet sein wird. Die bisherigen Ergebnisse sind derart, daß ich großen Wert darauf lege, die Versuche fortzuführen. Auch hoffe ich, daß es mir später möglich sein wird, auch die von Ihnen schon erwähnte neue Substanz ebenfalls auszuprobieren. Inzwischen danke ich Ihnen für die prompte Zustellung von reichlichen Versuchsmengen und bitte Sie, mir mein langes Schweigen nicht übel nehmen zu wollen.
 Mit vorzüglicher Hochachtung
 B. Pritzker

4.6

20. Dezember 1945

Herrn Dr. Bohny
Sandoz AG
Basel

Mein Lieber,
 wenn ich auch mit der versprochenen Arbeit noch nicht fertig bin, so bin ich Dir doch eine Erklärung über die Gründe der Verzögerung schuldig.

Es begann an jenem Tag, da Du mich hier besucht hast, und es begann mit der Diphterie. Es gab hier schon einige Di-verdächtige Fälle auf einer Abteilung, doch waren die Abstriche negativ. An jenem Tag aber konnte kaum mehr Zweifel bestehen, eine Patientin hatte eine unzweifelhafte Diphterie, dies wurde auch bald durch die bakteriologische Untersuchung bestätigt. Ich weiß nicht, ob Du Dir vorstellen kannst, was die Diphterie in einer geschlossenen Anstalt bedeutet, auf einer Abteilung mit vielen unzugänglichen, abweisenden und tobenden Patienten. Man wußte nicht mehr, wer Di-verdächtig war und wer nicht. Also waren wir es alle auf jener Abteilung. Es gab keinen anderen Ausweg, als alle zu isolieren, als Abteilungsarzt wurde ich also auch eingesperrt und konnte nicht einmal mehr hinaus. Es wurden bei allen Abstriche vorgenommen. Heute ist es insofern besser, als nur noch eine Patientin Di-Bazillenträgerin ist, diese aber ist besonders unangenehm: sie spuckt um sich und muß, da dieses 14jährige Mädchen jegliche Nahrung verweigert, mit der Sonde ernährt werden. Nun, dagegen kann man sich schützen.

Eines Tags konnte ich schließlich doch die Anstalt verlassen, dann ging es daheim los. Wir haben die Geburt des Kindes erst am 7. Januar erwartet, doch bekam meine Frau einen Monat zu früh Wehen und Blutungen. Durch verschiedene Mittel, Injektionen usw. konnte die Geburt noch fast 1 Woche verzögert werden, dann aber mußten wir mitten in der Nacht doch ins Spital, wo es zum Glück nicht viel Komplikationen gegeben hat. Dafür haben wir immer wieder viel Sorgen mit dem Kind gehabt, es nahm immer ab, trank sehr wenig. Man ist hier nicht so eingerichtet, daß man das Kind in das Kinderspital wie Basel eines hat, bringt und sich dann nach dem Befinden erkundigt. Frau und Kind sind seit 8 Tagen daheim. Es geht dem Kind nun besser, es nimmt wenigstens nicht mehr ab. Durch alle diese Ereignisse wurde ich sehr stark beansprucht, Du mußt es mir daher nicht verübeln, daß ich das Versprochene nicht halten konnte.

Ich hoffe, diese Malaise werde nun zu Ende sein. Es ist mir selber nicht mehr recht, immer wieder nur zu versprechen.
Ich wünsche Dir inzwischen recht frohe Festtage.
Mit freundlichen Grüßen
B. Pritzker

4.7

Basel, den 30. Januar 1946

Sehr geehrter Herr Kollege,

ich bin gegenwärtig daran, die klinischen Untersuchungsergebnisse des DHE 45 zusammenzustellen, um entscheiden zu können, ob das Präparat in den Handel gebracht werden soll.

Da Sie ja mit diesem Pharmakon ausgedehnte Untersuchungen angestellt und Befunde erhoben haben, die von großem Wert zu sein scheinen, möchte ich Sie bitten, mir möglichst bald einen abschließenden Bericht zukommen zu lassen. Vielleicht könnten Ihre Befunde als vorläufige Mitteilung gemeinsam mit den übrigen Einführungsarbeiten veröffentlicht werden.

Ich sehe mit großem Interesse Ihrer baldigen Antwort entgegen und danke Ihnen für Ihre Bemühungen.
Mit den besten Grüßen
Ihr E. Rothlin

4.8

Königsfelden, den 7. Februar 1946

Sehr geehrter Herr Professor!

Sie erhalten in der Beilage eine ziemlich kurz gefaßte vorläufige Mitteilung betr. die hier von mir in den letzten Jahren mit DHE + Atropin durchgeführten Versuche.(1) Sollten Sie eine teilweise Änderung der Formulierungen usw. wünschen, so ersuche ich Sie um eine entsprechende Mitteilung.

Außer den angeführten wurden noch sehr viele Versuche mit

DHE und verschiedenen anderen Substanzen vorgenommen, Einzelheiten sind in den Ihnen seinerzeit zugestellten Abschriften der Versuchsprotokolle enthalten. Ich arbeite ständig daran, soweit es die neben der vielen Arbeit in der Anstalt noch übrigbleibende Zeit zuläßt.

Ich werde mir gestatten, wenn Sie sich dafür interessieren, Ihnen zur gegebenen Zeit die abgeschlossene Arbeit vorzulegen. Es gibt eine große Literatur in diesem Zusammenhang zu verarbeiten.

Ihnen, sehr geehrter Herr Professor, möchte ich für die von Ihnen erwiesene freundliche Unterstützung nochmals meinen besten Dank aussprechen.

Mit vorzüglicher Hochachtung
Ihr ergebener B. Pritzker

(1) Es handelt sich um die 1. Fassung der „Vorläufigen Mitteilung", Februar 1946.

4.9

Basel, den 12. Februar 1946

Sehr geehrter Herr Doktor,

wir bestätigen Ihnen den Empfang des Manuskriptes einer vorläufigen Mitteilung Ihrer Untersuchungen über die Behandlung psychotischer Erregungszustände mit vegetativen Sedativa. Wir danken Ihnen für die kurze und übersichtliche Darstellung und werden uns gerne gestatten, in den nächsten Tagen auf den Inhalt Ihrer Arbeit zurückzukommen. Erlauben Sie uns zunächst aber, Ihnen für Ihre Erfolge zu gratulieren, zu deren Erringung Sie die Mühe und Arbeit nicht gescheut haben. Es würde uns freuen, wenn Sie Ihre Forschungen fortsetzen werden und grüßen Sie

mit vorzüglicher Hochachtung
SANDOZ AG

4.10 Aus der Kantonalen Heil- und Pflegeanstalt Königsfelden, Direktor Dr. P. Mohr

Zur Frage der Struktur der schizophrenen Erregung und deren Beeinflussung durch DHE 45.
von Dr. B. PRITZKER[*]

Die Struktur der schizophrenen Erregung kann nicht als abgeklärt betrachtet werden. Über die Entstehung und den Ablauf der Erregung lassen sich, auf Grund von bisher vorliegenden Untersuchungen, lediglich mehr oder weniger gut fundierte Hypothesen aufstellen. Der ganze Mechanismus jedoch läßt sich nicht klar und lückenlos überblicken. Wir sind auch nicht in der Lage, den Unterschied zwischen der bei geistig Gesunden als Reaktion auftretenden Erregung und den bei Schizophrenen oft zu beobachtenden psychomotorischen Erregungszuständen zu umschreiben, wenn von der Intensität und der Dauer der letzteren abgesehen wird. Wir sind nicht einmal imstande auszusagen, ob der beiden Zuständen zugrundeliegende Mechanismus derselbe ist. Einige Ergebnisse der Endokrinologie brachten wohl (z.B. Adynamie bei Addison'scher Krankheit, psychische Stumpfheit bei Myxödem und Simmonds'scher Krankheit, symptomatische Psychosen bei Basedow'scher Krankheit) etliche Hinweise, doch keine Klarheit. Die Ergebnisse der Forschung betr. die Wirkungsweise der Narkotika und deren Angriffsstellen im Zentralnervensystem brachten nur wenig Licht in diesen Fragenkomplex.

Wir haben seit Jahren mehrere klinische Versuche unternommen im Zusammenhang mit der Frage der Struktur der schizophrenen Erregung. Eine eingehende Schilderung derselben muß einer ausführlichen Arbeit vorbehalten bleiben, nicht zuletzt aus Rücksichtnahme auf die umfangreiche Literatur. Hier sollen die Ergebnisse jener Versuche angeführt werden, die sich auf die Verabreichung von DHE 45 (wir danken der Sandoz AG, Basel, für die Überlassung der Versuchsmengen) allein oder kombiniert mit Atropin, bei psychomotorisch erregten Schizophrenen beziehen.

Es hat bisher nicht an Versuchen gefehlt, Psychotische durch die Verabreichung von vagus- bzw. sympathicuslähmenden Mitteln zu beeinflussen. Indem LEONHARD[1],[2] über seine Behandlungserfolge mit Atropin bei Manie und Ergotamin bei Melancholie berichtete, stellte er fest, daß Atropin 3mal täglich 5–10 Tropfen 1‰ige Lösung in vielen Fällen die Manien günstig zu beeinflussen vermag. Verschiedene von LEONHARD bei Manischen wahrgenommene Erscheinungen – verstärkte Tränensekretion, gute Hautdurchblutung, reichlich dünnflüssige Schweißabsonderung, spastische Obstipation und Hypersekretion des Magensaftes, Überwiegen des Calciums über das Kalium im Blut – ließen ihn bei Manischen eine Prädominanz des Vagus annehmen. Andererseits wertete LEONHARD einige bei Melancholien gemachte Beobachtungen – Pupillenerweiterung, mangelhafte Tränensekretion, Anämie der Haut und zäher, spärlicher, klebriger Schweiß, Pulsbeschleunigung und Blutdruckerhöhung, Hyposekretion des Magensaftes, Hyperglykämie, Überwiegen des Kaliums über das Calcium im Blut – als Hypersympathicotonus. LEONHARD verabreichte bei Melancholien täglich 1/2 ccm oder 2–5mal 1 Tablette Gynergen während 3–7 Wochen. Von 23 so behandelten Kranken konnten 22 geheilt bzw. stark gebessert werden.

BABER & TIETZ[3],[4] berichteten über die Wirkung von Ergotamin auf vorwiegend asoziale und unruhige Psychotische. Es wurden dabei während längerer Zeit kleinere Dosen – 1 mg Ergotamin täglich – verabreicht.

LEONHARD schien bei seinen Versuchen nicht auf die gleichzeitige Verabreichung von Narkotika verzichtet zu haben. Zwar wird diese Frage nicht diskutiert. Bei der Besprechung des Falles 33 erwähnt LEONHARD[1] jedoch, die mit Atropin behandelte Patientin „wurde dadurch wieder so weit beruhigt, daß man sie auf der Abteilung ohne Narkotika halten konnte". Es sind aber schon Ergebnisse von Untersuchungen veröffentlicht worden, nach welchen Atropin zu denjenigen Substanzen gehört, welche, bei gleichzeitiger Verabreichung mit Narkotika, die Wirkung derselben verstärken. (Friedberg, Gordonoff, Marchand & Viguier, Meggendorfer, Papst, Hess & Faltischeck.[5])

Aus den Arbeiten von BABER und TIETZ ist ebenfalls nicht ersichtlich, ob die Patienten während der Gynergenbehandlung Narkotika erhielten. Auf Grund der in diesen Arbeiten veröffentlichten kurzen Beschreibungen der Fälle drängt sich jedoch diese Vermutung auf. Das Verhalten einiger davon war so, daß – nach unseren Erfahrungen mit Gynergen – kaum anzunehmen ist, daß die zum Teil stark erregten Patienten allein durch die angegebenen Gynergendosen hätten beruhigt werden können.

Bereits 1935/36 haben wir an der Kantonalen Heil- und Pflegeanstalt Hasenbühl (Direktor Dr. G. Stutz) begonnen, erregte Schizophrene mit Gynergen zu behandeln. Es zeigte sich, daß 1/2 – 2 mg Gynergen täglich die psychomotorische Unruhe der Schizophrenen dämpfen kann. Gynergen wurde jedoch nur kurze Zeit und oft noch kombiniert mit verschiedenen Narkotika verabreicht. Die damaligen guten Resultate ermutigten uns, in den folgenden Jahren bei erregten Geisteskranken Gynergen zu verabreichen. Seit 3 Jahren versuchen wir systematisch, die so häufigen psychomotorischen Erregungen der Schizophrenen mit dem neuen Sympathicolytikum Dihydroergotamin (DHE 45) allein oder kombiniert mit anderen Substanzen zu dämpfen.

Durch Absättigung einer leicht hydrierbaren Doppelbindung der Lysergsäure, dem charakteristischen Bestandteil der natürlichen Mutterkornalkaloide, konnten STOLL & HOFMANN[6] ein kristallisiertes Dihydroderivat (DHE 45) gewinnen. Während dieses hydrierte Mutterkornalkaloid mit dem entsprechenden genuinen Alkaloid Ergotamin (Gynergen) in Kristallform und Löslichkeit weitgehend übereinstimmt, ist seine pharmakologische Eigenschaft durch die Einführung von 1 Mol Wasserstoff beträchtlich verändert worden: die Toxizität und die brecherregende Wirkung ist erheblich verringert[7], die sympathicolytische Wirkung mehrfach verstärkt[7],[8],[9] und der konstriktorische Effekt an der glatten Muskulatur (Uterus) ist nicht mehr vorhanden. Es handelt sich demnach um ein praktisch reines Sympathicolyticum, das periphere und zentrale Erfolgsorgane für sympathische bzw. adrenergische Impulse unempfindlich macht.

Die immer wieder auftretenden heftigen psychomotorischen Erregungen Schizophrener sind jedem Anstaltspsychiater zur Genüge bekannt. Sowohl die bauliche Einrichtung von Heil- und Pflegeanstalten als auch deren Betrieb muß diesen Erregungen stets Rechnung tragen. Es gibt bekanntlich Patienten, deren Zustand wochen-, ja monatelang die Verabreichung von Narkotika in Dosen erfordert, welche die Maximaldosen der Pharmakopoe häufig überschreiten. Gerade solche Fälle schienen uns besonders geeignet für Versuche zur Abklärung des Aufbaus psychomotorischer Erregungen. Außerdem ist die Möglichkeit verlockend, diese psychomotorisch Erregten nicht durch Narkotika, sondern durch vegetative Sedativa zu beruhigen. Diese Fälle heftiger und heftigster psychomotorischer Erregung erschienen uns schon deshalb als besonders geeignet für solche Versuche, weil, wenn es gelingt, Patienten dieser Kategorie ohne Mithilfe von Narkotika zu beruhigen, die daraus gezogenen Schlußfolgerungen kaum Gefahr laufen dürften, sich als Trugschlüsse zu erweisen.

Es werden bei erregten und auch ruhigen Katatonen bekanntlich immer wieder verschiedene Symptome wahrgenommen, die auf Störungen auf neurovegetativem Gebiet hinweisen. Die vielen diesbezüglichen Veröffentlichungen lassen bisher jedoch keine absolute Gesetzmäßigkeit im Auftreten solcher Symptome bei Katatonien erkennen. Eines aber erschien uns als konstant: es ist dies die Pulsbeschleunigung bei heftigen psychomotorischen Erregungen. Dies dürfte freilich als selbstverständlich erscheinen bei Erregungen, die so heftig sein können, daß selbst das Pulszählen zu einer schwierigen Aufgabe werden kann. Es zeigte sich aber, daß solche Patienten während der Erregungsperiode auch dann einen beschleunigten Puls haben, wenn sie nicht gerade toben, sondern während einiger Stunden ruhig im Bett liegen. Selbst bei völliger Bettruhe kann nicht selten eine Pulszahl von 90–120 beobachtet werden. Nachdem die Gynergenwirkung auf die bei der Basedow'schen Krankheit oft starke Tachykardie bekannt war, entschlossen wir uns, die Wirkung eines sympathicuslähmenden Mittels in den Fällen von starker und stärkster psychomotorischer Erregung zu prüfen.

Es sollen an dieser Stelle lediglich einige der Versuchsergebnisse resümiert werden, welche geeignet sind, einerseits die gute Verträglichkeit des Präparates DHE 45 in hohen und sehr hohen Dosen zu illustrieren, andererseits die beruhigende Wirkung dieses Präparates bei Verabreichung mit Atropin bei heftigen psychomotorischen Erregungen zu zeigen.

(1) Leonhard, Karl: Behandlungserfolge mit Atropin und Ergotamin bei Manischen und Melancholischen. In: Archiv für Psychiatrie 97, 290–302 (1932).

(2) Leonhard, Karl: Weitere Behandlungserfolge mit Atropin bei Manie und Ergotamin bei Melancholie. In: Zs. f. die gesamte Neurologie u. Psychiatrie 151, 331 (1934).

(3) Baber, E.A.& Tietz, E.B.: Effect of ergotamine tartrate on behavior of psychotic patients. In: Journal of Medicine 17, 551–7 (1937).

(4) Tietz, E.B.: Mode of action of ergotamine tartrate in psychotic patients. In: Psychiatric Quarterly 14, 481–9 (1940, Nr. 3.)

(5) Zitiert nach Pharmakologie und Klinik Sandoz, No. 3, S. 6.

(6) Stoll, A. & Hofmann, A.: Die Dihydroderivate der natürlichen linksdrehenden Mutterkornalkaloide. In: Helvetica Chimica Acta 26, 2070–81 (1943, Fasc. 6).

(7) Rothlin, E.: Zur Pharmakologie der hydrierten natürlichen Mutterkornalkaloide. In: Helvetica Physiologica et Pharmacologica Acta 2, C48 –C49 (1944).

(8) Brügger, Jolanda: Die isolierte Samenblase des Meerschweinchens als biologisches Testobjekt zur quantitativen Differenzierung der sympathikolytischen Wirkung der genuinen Mutterkornalkaloide und ihrer Dihydroderivate. In: Helvetica Physiologica et Pharmacologica Acta 3, 117–134 (1945).

(9) Rothlin, E. & Brügger, J.: Quantitative Untersuchungen der sympathikolytischen Wirkung genuiner Mutterkornalkaloide und derer Dihydroderivate am isolierten Uterus des Kaninchens. In: Helvetica Physiologica et Pharmacologica Acta 3, 519–535 (1945).

* Es handelt sich um die 2. Fassung der „Vorläufigen Mitteilung" vom 16.Juli 1946.
Literaturverzeichnis überprüft, korrigiert und ergänzt von mp.

Zusammenfassung **:

1) Bei 34 männlichen und weiblichen, stark erregten Schizophrenen haben wir während längerer Zeit DHE 45 oral und parenteral verabreicht und bei 32 Patienten festgestellt, daß DHE 45 imstande ist, schizophrene psychomotorische Erregungen zu dämpfen, ohne Schlaf zu erzeugen und die Halluzinationen entweder zu beseitigen oder in ihrer Intensität herabzusetzen. Die stets beschleunigte Pulsfrequenz und der nicht sel-

ten abnorm erhöhte Blutdruck wurden gesenkt. Atropin und Bellafolin schienen, bei geeigneter Dosierung, die Wirkung des DHE 45 zu verstärken.

2) Es ist zweckmäßig, Dihydroergotamin 6stündlich oral zu verabreichen, wobei je nach der individuell verschieden starken Erregung die tägliche Gesamtdosis durchschnittlich 15–30 mg beträgt, jedoch zwischen 3 bis maximal 200 mg variieren kann.

3) Dihydroergotamin prophylaktisch verabreicht, scheint in geeigneten Fällen den Ausbruch eines Erregungszustandes zu verhindern.

4) Die prompte Wirkung von Dihydroergotamin ohne Schlafmittelzusatz scheint darauf hinzudeuten, daß diesen Erregungsformen eine gesteigerte vegetative Erregbarkeit, vor allem des adrenergischen Systems zugrunde liegt.

5) Dihydroergotamin eventuell kombiniert mit Atropin oder Bellafolin ersetzt bei der Behandlung der psychomotorisch erregten Schizophrenen die Schlafmittel. Die Patienten werden durch DHE 45 beruhigt und nicht, wie es bei hohen Schlafmitteldosen der Fall ist, narkotisiert, verwirrt oder berauscht.

6) Selbst große Mengen von Dihydroergotamin während Wochen und Monaten verabreicht, führen nicht zur Sucht oder Gewöhnung. Nebenerscheinungen, die eine Unterbrechung der Therapie erfordert hätten, sind selbst bei den größten Dosen (200 mg täglich oral) nicht aufgetreten.

Literaturverzeichnis [**]:

[1] A. Stoll & A. Hofmann: Helv. Chim. Acta 26, 2070 (1943).

(2) E. Rothlin: Helv. Physiol. Acta 2, C 48 (1944).

ders. Recherches expérimentales sur le sort dans l'organisme des alcaloides natifs et dihydrogénés de l'ergot de seigle.
Helvetica Chimica Acta 29, 1290 (1946).

ders. Pharmacology of natural and dihydrogenated alkaloids of ergot. In: Bulletin der Schweiz. Akademie der med. Wissenschaften 2, 249–273 (1947), erscheint demnächst.

ders. Zur Pharmakologie des Sympathicolyticums Dihydroergotamin DHE 45. In: Schweizer. Med. Wochenschrift, 76. Jg., 1254–9 (Dez. 1946).

E. Rothlin & J. Brügger: Helv. Physiol. Acta 3, 519 (1945).

(3) J. Brügger: Helv. Physiol. Acta 3, 117 (1945).

(4) Hans Baer: Psychophysische Erregungszustände und ihre Behandlung durch neue Schlafmittelkombinationen (Vorläufige Mitteilung). In: Schweizer. Med. Wochenschrift 76. Jahrgang, Nr. 26, 582 (1946).

(5) E. Baber & E. Tietz: Journal of Medicine 17, 551 (1937).

** Zusammenfassung und Literaturverzeichnis aus der 3. Fassung der „Vorläufigen Mitteilung", vom Dezember 1946.
Literaturverzeichnis überprüft, korrigiert und ergänzt von mp.
S.o. Überschneidungen mit Literaturverzeichnis vom Juli 1946.

4.11

Basel, den 10. Dezember 1946

Sehr geehrter Herr Doktor,

es freut uns, Ihnen mitteilen zu können, daß wir heute DHE 45 unter dem Namen „Dihydroergotamin-Sandoz" zum allgemeinen Verkauf einführen. Wir möchten Ihnen bei diesem Anlaß nochmals unseren verbindlichen Dank aussprechen für die eingehende klinische Prüfung, der Sie das Versuchspräparat bei schizophrenen Erregungszuständen unterzogen haben ...

Stets gerne zu Ihren Diensten zeichnen wir
mit vorzüglicher Hochachtung
SANDOZ AG

4.12 Schweizerische Medizinische Wochenschrift

Basel, 13. September, 77. Jahrgang, 1947, Nr. 37/38, Seite 985[1]

Aus der Kantonalen Heil- und Pflegeanstalt Königsfelden
Direktor: Dr. P. Mohr
Die Beeinflussung der psychomotorischen Erregung durch Dihydroergotamin (DHE 45)
Von B. Pritzker
Vorläufige Mitteilung[*]

...

[1] Vgl. Imfeld, J.P. (Chirurgische Klinik und Poliklinik der Universität Bern): Erste klinische Erfahrungen mit Dihydroergotamin (DHE 45). In: Schweizer. Med. Wochenschrift, Nr. 49, (Dez., 1946), S. 1263.

[*] Gedruckte Fassung, September 1947.

4.13

Basel, den 11. September 1947

Sehr geehrter Herr Doktor,

wir haben uns gestattet, Ihnen, Ihrem Wunsche entsprechend, eine Schreibmaschine „Hermes 2000" zukommen zu lassen. Wir hoffen, daß Ihnen diese gute Dienste leisten wird.

Für das Interesse, das Sie unserer Firma stets entgegenbrachten, möchten wir Ihnen bei dieser Gelegenheit unseren verbindlichen Dank aussprechen. Es freut uns, daß die Zusammenarbeit mit Ihnen sich weiter vertiefen wird.

Mit vorzüglicher Hochachtung
SANDOZ AG

4.14

Königsfelden, den 2. Oktober 1947

An die Pharmazeutische Abteilung
der Fa. Sandoz AG
Basel

Sehr geehrte Herren!

Die von Ihnen freundlicherweise zugeschickte Schreibmaschine Hermes „2000" habe ich mit bestem Dank erhalten. Die Maschine leistet mir bereits sehr gute Dienste!

Bei dieser Gelegenheit möchte ich es nicht unterlassen, Ihnen für das seinerzeit zugestellte Exemplar der Festschrift Stoll[1] meinen besten Dank auszusprechen. Die Fülle der darin gesammelten Arbeiten ist außergewöhnlich. Man ersieht daraus besonders deutlich, wie groß das Interesse für die von Ihnen hergestellten Präparate ist. Ich hoffe, daß es gelingen wird, für verschiedene Produkte Ihrer Firma eine differenziertere Applikation bei psychiatrischen Fällen zu finden. Nachdem Sie seit

Jahren stets bereit waren, mir verschiedene Medikamente zu Versuchszwecken zur Verfügung zu stellen, freut es mich, mit Ihnen weiterhin zusammenarbeiten zu können.

Mit vorzüglicher Hochachtung

B. Pritzker

(1) Stoll, Arthur: Festschrift zum 60. Geburtstag. In: Schweizerische medizinische Wochenschrift 77, 1–108 (Januar 1947).

4.15

Basel, den 11. Dezember 1947

Sehr geehrter Herr Kollege,

besten Dank für Ihren gestrigen Besuch. Es liegt mir sehr daran, daß Sie Ihre Untersuchungen mit DHO 180 und Mesantoin fortsetzen und insbesondere folgende Punkte im Auge behalten:

1) Abklärung der Wirkungsunterschiede von DHE 45 und DHO 180 bei psychomotorisch Erregten an größerem Material.

2) Feststellung der Wirkung prophylaktischer Verabreichung von DHO 180 bei psychomotorisch Erregten.

3) Weitere Abklärung der Dosierung und Wirkung von Mesantoin bei psychomotorisch Erregten.

Separat als Musterpost lasse ich Ihnen 2 Fläschchen von dem neuen Phantasticum LSD 25 zukommen. 1 cc enthält 0,02 mg bzw. 20 γ. Wie aus der Arbeit STOLL und aus unserer gestrigen Diskussion hervorging, sind 20–60 γ für die Versuche angezeigt.(1)

Ich sehe mit großem Interesse Ihren weiteren Untersuchungen entgegen und hoffe, daß Sie mir in absehbarer Zeit einen kurzen zusammenfassenden Bericht über die Ergebnisse zusenden können.

Mit den besten, kollegialen Grüßen

Ihr E. Rothlin

Beilage: 1 Separatum: STOLL(1)
1 Separatum: BAER(2)

(1) Aus der psychiatrischen Klinik der Universität Zürich (Prof. Dr. M. Bleuler) und dem pharmakologischen Laboratorium der Sandoz AG Basel (Prof. Dr. E. Rothlin). Stoll, Werner A.: Lysergsäure-diäthylamid, ein Phantastikum aus der Mutterkorngruppe. In: Schweizerisches Archiv für Neurologie und Psychiatrie 60, 1947, S. 279–323.

Der Chemiker A. Hofmann entdeckte 1943 zufällig die LSD-Wirkung.
Vgl. Dokument 4.10 „Zur Frage der Struktur der schizophrenen Erregung und deren Beeinflussung durch DHE 45": Aufsatz Stoll & Hofmann von 1943 wird in Pritzkers DHE-45-Publikation in der Schweizerischen Medizinischen Wochenschrift Nr. 37/38 (Sept. 1947) erwähnt. Vgl. Hofmann, A.: LSD – Mein Sorgenkind, Stuttgart 1979.
„Seit ersten psychiatrischen Studien von W. A. Stoll (1947) vielfach in freiwilligen Versuchen zum Studium von Schizophrenieproblemen angewandt." (U. H. Peters, Wörterbuch der Psychiatrie und medizinischen Psychologie, 4. Aufl. 1990).

(2) Baer, Hans: Psychophysische Erregungszustände und ihre Behandlung durch neue Schlafmittelkombinationen (Vorläufige Mitteilung). In: Schweizerische Medizinische Wochenschrift, Nr. 26, 1946, S. 582–583.

4.16

Basel, den 20. Februar 1948

Sehr geehrter Herr Kollege,

wie mir Herr Dr. Bohny mitteilt, haben Sie bei Angina pectoris und Coronarsklerose mit DHE 45 2 ‰ per os 3 x 10 bzw. 6 x 20 Tropfen täglich Erleichterung verschaffen und die

Anfälle beseitigen können. Sie fragen mich, ob DHO 180 bei dieser Indikation schon verwendet worden sei. Soviel mir bekannt, ist dies nicht geschehen, und ich wäre Ihnen dankbar, wenn Sie die Behandlung bei diesen Fällen quasi experimentum crucis auf DHO 180 umstellen würden.

Mit großem Interesse habe ich davon Kenntnis genommen, daß bei einer manisch erregten schizophrenen Patientin Mesantoin (4 x täglich 1 Tablette) die Erregungszustände zu beseitigen vermag. Ich bitte Sie, diese Indikation weiter zu verfolgen und mir über Ihre Erfahrungen zu berichten. Ich wäre Ihnen auch sehr dankbar, wenn Sie mir über Ihre Versuche mit Schlafmittelkombinationen und mit LSD berichten würden.

Wunschgemäß lasse ich Ihnen mit separater Post von DHO 180 100 Ampullen und 50 Fläschchen zukommen.

Mit den besten, kollegialen Grüßen

Rothlin

5 Schriften von B. Pritzker

5.1 „Labyrinth des Todes"
(30. November 1940 bis 30. März 1943)

5.1.1

30. November 1940

Ein schwer zu formulierender Gedanke, eine auf Schwierigkeiten stoßende Betrachtungsweise: Klassifizierung der menschlichen Persönlichkeiten nach Organen oder Organsystemen, welche den betreffenden Persönlichkeiten das charakteristische Bild, den bezeichnenden Ausdruck verleihen. So z.B.: Bei strumipriver Idiotie soll von strumipriver Persönlichkeit die Rede sein. Bei Zirkulären soll der Kern der Persönlichkeit in dem System des Vagus bzw. des Sympathicus gesucht werden. Bei den durch Urämie bedingten Zustandsbildern soll von einer urämischen Persönlichkeit die Rede sein. Und so weiter. Wenn schon vorgeschlagen wurde, den Sitz der Psyche, der Seele schlechthin, nicht mehr einfach im Großhirn zu suchen, sondern im Stammhirn, ja im Rückenmark, so soll dem entgegnet werden, daß sich zweifellos der ganze Mensch, der ganze Organismus, der Körper wie die Seele plus Strebungen und Triebe, am Zustandekommen der Persönlichkeit beteiligen. Doch ist die Psyche auch beim Normalen sicherlich nichts Felsenfestes, nichts Konstantes. Sie ist modulationsfähig, den einzelnen Faktoren kommen verschiedene Rollen zu, doch bleibt sie nicht konstant. Abgesehen von wenigen und zahlenmäßig seltenen Ausnahmen ist die Psyche, auf lange Sicht betrachtet, in ständigem Fluß begriffen, ständigem Wechsel unterworfen. Bisweilen bleibt die Fassade so, daß man zu sagen geneigt ist, das betreffende Individuum sei auch nach 10 Jahren genau dasselbe geblieben. Das heißt aber bei genauer Betrachtung nur so viel, daß einige wesentliche Züge wieder zu erkennen sind, aber nicht, daß die Psyche sich nicht verändert hat. Es kommt verhältnismäßig nicht sehr oft vor, daß sich der einzelne im Verlaufe der Zeit derart verändert, daß er überhaupt nicht mehr zu erkennen ist. Doch auf die Dauer von mehreren Jahren betrachtet, sind Veränderungen bei jedem einzelnen unverkennbar.

Selbst wenn man auf die Feststellung der gänzlichen Veränderung des Menschen im Alter zwischen dem 10.–20. Lebensjahr keinen Wert legen möchte, so kann man doch nicht umhin, wesentliche eingreifende Veränderungen im Verlaufe jeder Periode des Lebens zu erkennen. Bei unvoreingenommener Betrachtung ist man gezwungen festzustellen, daß man sich am meisten darauf beschränkt, Ähnlichkeiten und erst in zweiter Linie Unterschiede beim einzelnen zu erkennen. Die Fassade, die Schale, die eingeübte Mimik, die Motorik, ja selbst der Klang der Stimme mögen als kaum verändert erscheinen. Und doch ist die Psyche nichts Felsenfestes. Wie alles ist auch sie steten Veränderungen unterworfen. Diese sind bald stark und für jeden unverkennbar, bald so, daß nur der geübte Psychologe sie erkennen kann, sind aber stets vorhanden. Bei Trieben und Strebungen ist man gewohnt, eine verhältnismäßige Konstanz anzutreffen. Aber auch hier sind Veränderungen die Regel. Und wenn es auch bisweilen zu deren Erkenntnis einer differenten Psychoanalyse bedarf, so sind sie eben doch da. Man ist nicht in der Lage, für diese Veränderungen allgemeingültige Gesetze aufzustellen, die Zahl der einzelnen Typen ist beträchtlich, der Einfluß vom Milieu ist so, daß oft gar bunte Zustandsbilder entstehen. Es würde aber eine Erleichterung bedeuten, die einzelnen Typen in dem oben beschriebenen Sinne zu bezeichnen.

Zu jeder Persönlichkeit gehört Denkarbeit. Wenn auch diese Bezeichnung an sich primitiv und vage genug ist, so wollen wir doch für einige Zeit dabei verweilen. Es liegt eigentlich kein Grund vor, die Denkarbeit ins Großhirn zu verlegen. Wenn auch bei Großhirnschäden keine Anzeichen mehr für das Vorhandensein der Denkarbeit vorliegen können, so ist das noch kein stichhaltiger Beweis. Wenn die rechte Hand fehlt, dann kann man mit dieser Hand nichts mehr machen. Das ist einfach und klar. Es ist selbstverständlich, daß man dann keine Arbeiten mehr mit der rechten Hand verrichten kann. Wenn das Großhirn beschädigt ist, so ist es ebenfalls klar und einfach. Wenn man aber keine Anzeichen für Denkarbeit mehr wahrnimmt, so heißt es keineswegs, daß es das Großhirn ist, welches die Denkarbeit leistet. Man kennt genügend Fälle, wo keine Denkarbeit mehr gewahrt wird, und trotzdem vermag keine histologische Untersuchung Großhirnschäden aufzudecken.

Es drängt sich geradezu die Annahme auf, daß die Denkarbeit nicht nur eine Funktion des Großhirns allein ist, sondern daß sich noch weitere Organe daran beteiligen. Es soll später die Rede von jenen Faktoren sein, welche die Denkarbeit beeinflussen, indem sie auf den Zustand des Großhirns einwirken: Hormone, gefäßerweiternde und -verengende Mittel, Stoffwechselvorgänge.

Versucht man, sein eigenes Denken während der Denkarbeit zu beobachten – was nicht leicht, jedoch bei einiger Übung möglich ist –, so stellt man immer wieder fest, daß eine Ähnlichkeit zwischen dem Denken und der Motorik besteht. Ich meine damit, daß man beim Denken sowohl wie bei Bewegungen, z.B. Turnübungen, eine fördernde und eine hemmende Komponente verspürt oder beobachtet. Diese Ambivalenz kann bei pathologischen Zuständen geradezu grotesk werden. Sie fehlt meines Erachtens auch im Normalzustand nicht. Bei der Motorik liegen die Verhältnisse einfach. Jede Muskelgruppe hat ihre Antagonisten, welche gleich innerviert werden und gleich funktionstüchtig sind. Woher aber kommt diese Ambivalenz bei der Denkarbeit? Selbst bei ausgerechnet zielgerichtetem Denken wird diese Ambivalenz nicht vermißt. Sucht man Mittel und Wege, um etwas durchführen zu können, so ist es natürlich, daß dabei die fördernde Komponente überwiegt. Kann aber die Rolle der dabei fortbestehenden hemmenden Komponente verkannt werden? Wird diese Frage hinreichend damit beantwortet, wenn man einwendet, daß bei jedem Versuch, sich Lustgefühl zu verschaffen, immer wieder einfach die dem entgegenarbeitenden Triebe intervenieren, indem sie hemmend wirken? Ist man zur Behauptung berechtigt, diese Triebe seien immer vorhanden? Sehen wir nicht Zustände genug, wo man nur eine Komponente erkennen kann, entweder die fördernde oder die hemmende, von der anderen aber jede Spur fehlt?

Es gibt zweifellos Zustände, bei welchen die Denkarbeit nur im Zeichen der einen von beiden Komponenten verläuft. Entweder mehr oder weniger ausgesprochen fördernde, wobei man die hemmende Komponente nicht zu erkennen vermag, so daß man sich sagen muß, nur die fördernde Komponente sei da. Ein zweifellos pathologischer Zustand. Oder aber, nur die hemmende Komponente ist ersichtlich, ein ebenfalls zweifellos pathologischer Zustand.

Es soll vorläufig dahingestellt bleiben, ob es nicht nur Scheinbilder sind, diese Annahmen vom Vorhandensein nur der einen oder der anderen Komponente. Bleiben wir bei der Feststellung, daß das Denken unter normalen Umständen diese beiden Komponenten aufweist. Dabei meine ich keineswegs die Rolle der Unlustgefühle. Nein, abgesehen davon, bei jedem Denken, und insbesondere ist das beim Nachdenken über sogenannte abstrakte Dinge erkennbar, sind diese beiden Komponenten vorhanden.

Die Betrachtung der Patienten mit Parkinson oder der Postenzephalitiker läßt die Rolle des Gehirnstammes beim Denken vermuten. Man kennt die Motorik der Postenzephalitiker. Man weiß, wie gehemmt sie sein kann. Man kennt andererseits die Charakterveränderungen nach der Encephalitis im jugendlichen Alter, man kennt die Enthemmung, die sich hauptsächlich auf dem Gebiete der Psyche äußert. Die gehemmten Postenzephalitiker sind doch zweifellos im Denken gehemmt. Lassen wir uns durch bisweilen vorkommende Explosionen nicht beirren. Eine Explosion, eine affektive Reaktion gehört nicht ins Gebiet der Denkarbeit, der Denkleistung in unserem Sinne.

Es soll später getrennt der Verstand, die Intelligenz im engeren Sinne, betrachtet und mit der Affektivität, der Gefühlssphäre verglichen werden. Die Postenzephalitiker lassen ihre Störungen, ihre Hemmungen, ihre Insuffizienz namentlich dort hervortreten, wo es auf das klare, kritische, zielgerichtete Denken ankommt und nicht dort, wo es sich um primitivere, triebhafte Äußerungen handelt, für welche schon das Bestehen der Stammganglien oder gar des Rückenmarkes allein genügen würde.

Bezeichnen wir als Denken in unserem Sinne diejenige geistige Leistung, die erstens nicht alltäglich, also nicht gewohnt und nicht eingeübt ist. Welche also zweitens eine gewisse Selbständigkeit und Originalität des Denkens erfordert. Eine solche Denkarbeit erheischt ein gewisses schon bestehendes Gut an Engrammen, welche im Zeichen einer Zielsetzung (also eines Faktors, welchem vor allem eine wesentliche affektive Rolle zukommt!) ekphoriert und kombiniert werden. Dazu gehören Einfälle, Kritikvermögen und Übersicht der Gesamtsituation, Dinge also, welche durch Lebenserfahrung zustandekommen.

In unserem Sinne ist eine Denkleistung sowohl die Zusammenstellung einer Eisenbahnverbindung von Berlin nach London im Krieg zwischen England und Deutschland(1) als auch die logische Bearbeitung eines wissenschaftlichen Themas. Man lasse gelten, daß ein in seinen Funktionen intaktes Gehirn eine Voraussetzung für ein solches Denken ist. Auch solches Denken läßt eine fördernde und eine hemmende Komponente erkennen. Bei der hemmenden Komponente meine ich z.B. nicht das auf der Hut sein vor erfahrungsgemäß störenden Dingen, sondern die hemmende Komponente in unserem Sinne. Ich nehme an, daß *sowohl die fördernde wie die hemmende Komponente Funktionen des Stammhirnes sind.* Die Berechtigung zu dieser Annahme auf Grund von Betrachtungen der postenzephalitischen Störungen soll später kritisch betrachtet werden.

Das Großhirn und die Übung sind die Voraussetzungen der komplizierteren Denkleistung. Die Zielsetzung und die Strebung sind selbstverständlich unentbehrlich. Wenn Hunde und Pferde nicht zu Malern und Schriftstellern werden, so mag das selbstverständlich sein. Wenn aber Menschen, welche im Besitze eines intakten Gehirnes, dazu noch geübte Denker sind und Ambitionen und Strebungen genug haben, trotz einem brennenden Wunsch keinen originellen Gedanken, keine sie befriedigende geistige Leistung vollbringen, so ist das für mich ein Tatbestand, welcher noch mehr Rätsel aufgibt, als die glänzendste geistige Leistung.

Das Großhirn ist die erste Voraussetzung für eine solche Leistung. Die zweite Voraussetzung hiefür ist das Gleichgewicht zwischen hemmender und fördernder Komponente, betrifft also Stammhirnfunktionen. Wir wissen ferner, daß ungestörte Herzfunktion sowie ungestörte Verdauung usw. ebenfalls Notwendigkeiten für den ungestörten Ablauf der Denkleistung sind. Doch wollen wir uns einstweilen nicht mit störenden Faktoren, sondern mit dem Versuch befassen, die zusammensetzenden Elemente der Denkarbeit festzustellen, den Blick immer auf die Grundlage der Persönlichkeit – und zwar der sogenannt geistigen (nicht affektiven Persönlichkeit) in unserem Sinne – gerichtet.

Was ist der Beitrag des Stammhirnes zur Denkleistung? Beschränkt sich dieser Beitrag auf den hemmenden bzw. fördernden Faktor? Unseres Erachtens beschränkt sich die Rolle des Stammhirnes nicht auf diese Faktoren. Wir nehmen an, daß es das Stammhirn ist, welches der Denkarbeit die ihr immer innewohnende affektive Färbung, eventuell sogar den ganzen affektiven Inhalt verleiht.

Das Großhirndenken wäre somit in groben Umrissen gezeichnet. Wie sieht nun demgegenüber das Stammhirndenken aus? Diese Frage stellen heißt, das Vorhandensein eines Stammhirndenkens anzunehmen. Seit mehreren Monaten neige ich immer mehr zur Annahme, daß es ein solches Denken gibt. Bisweilen scheint es mir, daß die meisten Menschen nicht mit dem Großhirn, sondern mit dem Stammhirn denken. Oder genauer ausgedrückt: die meisten Denkleistungen sind Produkte des Stammhirnes. Primitives Denken, autistisches Denken, dessen Ergebnisse Gebilde sind, welche aus einem Konglomerat des Hin und Her, des unklaren Pro und Kontra bestehen, bei welchem das einzig klar Ersichtliche eben die fördernde und die hemmende Komponente sind.

(1) Ab September 1939 ist der Zweite Weltkrieg im Gange.

5.1.2

23. August 1941

Es soll nicht über die Grundlage, die Genese des psychischen Geschehens im Sinne des psychischen Erlebnisses diskutiert werden, so interessant auch eine solche Diskussion sein möchte. Es soll nicht die Tatsache nachgeprüft werden, warum der Mensch denkt, sondern die Fragestellung soll heißen: Wo und wie denkt er, und dies auf den Körper des Menschen bezogen. Die prinzipielle Frage nach dem Wesen der Seele soll hier nicht berührt werden. Sowohl diejenigen, welche die Seele als ein Exkrement des Gehirnes, wie solche, die sie als Gabe Gottes und unsterblich bezeichnen, sollen hier nicht berücksichtigt werden. Es soll aber versucht werden, die einzelnen Seiten des Ablaufes psychischer Funktionen näher anzugehen. Wenn sich Bleuler(1) mit der Bemerkung begnügt, daß Emotionen und Affekte den Gedankengang und Psychismen überhaupt hochgradig beeinflussen und dann seine Aufmerksamkeit den anderen Dingen zuwendet, so möchte ich gerade auf das Was und Wie dieser Beeinflußung eingehen. Wie ich schon früher notiert habe, sei man versucht, geradezu von Denken mit dem Großhirn, vom Denken mit dem Thalamus usw. zu reden. Dabei ist nicht gemeint, daß beim Denken mit dem Großhirn der Thalamus und andere Organe unbeteiligt bleiben, sondern diese Behauptung ist so aufzufassen, daß beim Denken mit dem Großhirn die Führung beim Großhirn liegt; dieses dirigiert das Denken, während alle übrigen Organe mit ihren verwickelten Funktionen, mit ihrem Zusammenschluß zu Systemen von Organen mit bestimmten funktionellen Konstellationen sozusagen die Instrumente des großen, vom Großhirn dirigierten Orchesters sind. Das Großhirn kann in der Lage sein, richtig zu dirigieren, das eingeübte Orchester ist in der Lage, dem Dirigenten zu folgen. Oder aber, während das Großhirn richtig dirigiert, ist das Orchester nicht imstande, infolge irgendwelcher Störungen eines einzelnen oder aller, dem Dirigenten richtig zu folgen und in seinem Sinne zu handeln. Und die dritte Möglichkeit ist jene, bei welcher infolge des unrichtigen Dirigierens auch das beste Orchester nicht in der Lage ist, einwandfrei zu spielen. Theoretisch ist noch eine vierte Möglichkeit denkbar, wobei sowohl der Dirigent wie das Orchester nicht in Ordnung sind, nicht richtig funktionieren und keineswegs aufeinander abgestimmt sind. Ob diese vierte Möglichkeit auch in Wirklichkeit eintritt, mag angesichts der Fülle der durch die drei übrigen Möglichkeiten geschaffenen Umstände dahingestellt bleiben.

Es ist bei Psychiatern und Neurologen üblich geworden und sozusagen durch Tradition geheiligt und geboten, dem Großhirn die führende Rolle beim Ablauf psychischer Funktionen zuzuschreiben. In den letzten Jahren beginnt man, sich immer mehr von den Ergebnissen der Zentrenlehre abzuwenden und die Rolle der Stammganglien, der inneren Sekretion, vielleicht des ganzen übrigen Organismus, zu würdigen. Wollten wir diesem Umstand voll und ganz Rechnung tragen, so müßten wir uns anders ausdrücken, als dies bei der Wahl des Beispiels mit dem Großhirn (siehe oben) geschah. Wir müßten die Binsenwahrheit hervorheben, daß eine normale, harmonische Persönlichkeit eines koordinierten Funktionierens sämtlicher Organe mit ihren Funktionen bedarf. Werden wir uns der Tatsache bewußt, daß zur Persönlichkeit unter anderem auch Ziele und Strebungen gehören und daß diese verschiedenster Art sein können, so wird es uns klar, daß es für die Persönlichkeit in ihrem Lebenskampf oder ihrem Lebensgenuß keineswegs stets auf dasselbe ankommt. Es ist selbstverständlich, daß es während einer Panik auf der Straße, während der Untersuchung eines Kranken oder während der Behandlung eines Kindes immer wieder auf verschiedene Dinge ankommt, will man Ergebnisse zeitigen, welche zum Nutzen der Persönlichkeit und im Sinne derselben sein sollen.

Es ist anzunehmen, daß zum Ablauf des logischen, disziplinierten Denkens sich sämtliche anderen Funktionen unter die Führung des Großhirnes zu stellen haben. Doch kommt es keineswegs im Leben nur auf das logische und disziplinierte Denken an. Die ganze Affektivität z.B. mag uns in ihrer Entwicklung als logisch erscheinen. Man kann die Art des Ablaufes der Affektivität nachfühlen, man wird aber kaum dazu kommen, dies als logisch zu bezeichnen. Ich will damit sagen, daß es beim Menschen Mechanismen geben muß – und solche auch gibt – welche mit der Logik der Vernunft, des Verstandes im engeren Sinn, nichts Gemeinsames haben, und dennoch sind sie lebensnotwendig. Es gibt Fälle, in welchen diese Mechanismen zur Herrschaft über das Ganze gelangen. Als Beispiel möchte ich nur die manische Erregung anführen. Sie ist sicherlich kein durch die Krankheit frisch geschaffener Mechanismus. Wir haben alle Gelegenheit gehabt, als Kinder oder als Jugendliche die manische Erregung zu erleben oder doch zum mindesten an unseren Spielgefährten zu beobachten. Sie dauerte freilich wohl nicht so lange wie die manische Erregung eines Erwachsenen. Die Frage, ob sie weniger intensiv zum Vorschein kam als bei Erwachsenen, möchte ich verneinen. Und ob sie weniger intensiv erlebt worden ist, kann man natürlich nicht wissen, ich neige aber zur Annahme, daß sie eher intensiver erlebt wurde, schon wegen ihrer Erstmaligkeit und ferner wegen des Unverbrauchtseins des Erlebenden.

Es ist anzunehmen, daß die Lebhaftigkeit der Kinder, ihr Übermut, wenn sie sogar übertrieben erscheinen sollten, niemals als krankhaft bezeichnet werden, sofern sie sich jeweils im Rahmen des Landes- oder Umgebungsüblichen halten. Ein kranker Erwachsener bedient sich nun dieses Mechanismus, welcher einmal in der Kindheit eingeschliffen wurde.

Diese Flucht in die manische Erregung scheint mir eine Verlegung der führenden Funktion aus der Großhirnrinde in tiefer gelegene Partien des Gehirnes zu sein. Die Führung liegt nun nicht mehr beim Großhirn, doch ist dasselbe nicht aus dem Orchester ausgeschlossen – denken wir nur an die witzigen und die anderen Einfälle des Manischen –, sondern das Großhirn erfüllt eben unter der Führung eines anderen die ihm mögliche Funktion.

(1) Eugen Bleuler, Zürcher Psychiater (1857–1939), prägte 1911 den Begriff Schizophrenie.
Ders.: Lehrbuch der Psychiatrie, 6. Aufl., Berlin 1937.

5.1.3

2. Dezember 1941
Die Lebensvorgänge können, in ihrer Gesamtheit, als ständige Entladungen der sich immer wieder bildenden Energie oder Vitalkraft oder wie man dem auch sagen mag, betrachtet werden. Um sofort an das psychomotorische Geschehen bei Psychosen heranzutreten, verzichte ich auf die Betrachtungen der animalischen Lebensvorgänge von diesem Standpunkt aus. Solche Betrachtungen sind übrigens schon in anderen Zusammenhängen öfters angestellt worden. Hier soll uns der stete Wechsel von Ruhe- und Beschäftigungsperioden, sowohl bei normalen wie seelisch abnormen Menschen vorgeführt werden. Dieser stete Wechsel ist von vielen Autoren beachtet und unter verschiedenen Namen beschrieben worden. Hierher gehören ohne Zweifel sowohl die bekannte „schöpferische Pause" wie auch die von

Swoboda(1) beschriebene Periodizität. Wie man das auch benennen mag, es steht fest, daß eine Periode der Tätigkeit von einer Ruheperiode abgelöst wird. Während der Ruhe werden die für die nachfolgende Tätigkeit erforderlichen Energien gebildet oder aber Organe werden in die Lage versetzt, diese Energiemengen zu liefern. Es soll nicht auf eine Untersuchung eingegangen werden, ob es sich im animalischen Leben, bei Pflanze und Tier, in allen Fällen so verhält. Daß es aber im psychischen Geschehen so ist, und zwar sozusagen bei allen Menschen, weiß jedermann aus eigener Erfahrung und Beobachtung. Es scheint hier nicht nur eine Funktion im seelischen Geschehen, sondern sogar ein Prinzip vorzuliegen, welches selbst bei weitgehenden Zerstörungen bei organischen Leiden wie bei schizophrenen Verblödungen noch lange erhalten bleibt, wenn sonst scheinbar nichts mehr erhalten bleibt. Man hat stets die Gelegenheit zu beobachten, wie ganz demente Organiker, welche gar keine Reaktion auf die Vorgänge in der Außenwelt zeigen, plötzlich und scheinbar gänzlich unmotiviert ihre Untätigkeit aufgeben und für einige Zeit regsam – wenn auch auf eine eben blöde Art der Organiker – werden, also aus endogenen Motiven. Und die Kurve bei Frau N.N. zeigt sehr anschaulich diese Zirkularität bei einer völlig verblödeten Katatonie.

Wir nehmen also das Vorhandensein einer solchen Zirkularität sowohl bei geistig Normalen wie auch bei Abnormen als ein Grundprinzip an, welches sozusagen die Wurzel des übrigen Geschehens bildet, da es ja die einzige Quelle der psychischen Energie darstellt. Ohne psychische Energie aber ist kein psychisches Geschehen denkbar.

Für den Ablauf dieser psychischen Energie stehen dem Organismus mehrere Mechanismen zur Verfügung; um diese zu erforschen, muß man zunächst eine sehr innige Verbundenheit zwischen dem psychischen und körperlichen Geschehen feststellen und an dieser Tatsache während der ganzen Betrachtung festhalten.

(1) Swoboda, Hermann: Die Perioden des menschlichen Organismus in ihrer psychologischen und biologischen Bedeutung. Leipzig/Wien, 1904.

5.1.4

14. März 1942

Auf den ersten Blick so viel Verwirrendes im Wesen der Psychose, der Schizophrenie im speziellen! Wie gut erinnere ich mich noch der ersten Zeit in der Psychiatrie; vor lauter frischen Eindrücken und neuem, fremdem Material konnte man sich während längerer Zeit nicht zurechtfinden. Mit der Zeit erst, nach längerer Zeit, muß ich gestehen, kommt allmählich Ordnung und eine als zielsicher empfundene Richtung in meine Betrachtungsweise und Absicht, klare, fundierte und vor allem sicher wirkende therapeutische Angriffsmöglichkeiten zu finden.

Der Anfang dieses Weges liegt bei mir nicht in der Betrachtung der Psychose an sich, sondern in der Betrachtung der Veränderungen von Psychotischen im Verlauf der Behandlungen. Am eindrucksvollsten waren jene Fälle, wo ein künstlicher epileptischer Anfall schon erstaunliche Veränderungen verursachen konnte. Solche Fälle haben nahezu erschütternd auf mich gewirkt, und es hat Zeit gebraucht, bis das Staunen und dranghaftes Suchen nachließen und einer kaltblütigen und überlegten Arbeit Platz machten. Immer wieder mußte ich feststellen, daß Veränderungen durch epileptische Anfälle stets rein affektiver Natur waren. Sehr lehrreich waren jene Fälle, welche nach wenigen Anfällen freier, gelöster wurden, um dann, nach der Sistierung der Behandlung, wieder in den früheren katatonen Zustand zu versinken oder wieder ins läppische hebephrene Wesen zu verfallen. Da sah man besonders deutlich, daß die affektive Seite des Charakters den Ausschlag gibt, daß sie das ganze Wesen bestimmt, daß das Intellekt freilich auch nicht ohne Bedeutung ist, somit aber erschöpft sich seine Rolle für Durchschnittsmenschen und schließlich, was mir am wichtigsten erscheint, daß das Intellekt nichts anderes als die zu besonderen Leistungen ausdifferenzierte Seite der Affektivität ist. Und so, wie sich die Entwicklung der Affektivität aus dem bloßen dumpfen Lebenstrieb verfolgen läßt, so wie der affektive Rapport mit dem Säugling entsteht, welcher noch nicht einmal anständig lallen kann, so entsteht die „Intelligenz" aus der ursprünglich vorhandenen, mitgebrachten Masse der Affektivität, so bilden die Intelligenz, die Affektivität, die Triebhaftigkeit ein ineinander übergehendes Ganzes. Dabei stelle ich es mir nicht linear vor: Trieb – Affektivität – Intelligenz, sondern das ist eine Masse, dies ist die Persönlichkeit des Individuums, und diese drei Faktoren, diese drei Teile, greifen ineinander über, sie wandeln sich um, eines ins andere, und das nicht nur im Sinne der immer höheren, differenzierteren Umwandlung, nein, gerade in der Psychose sehen wir, wie aus der Affektivität Intelligenz wird mit entsprechender Leistung, und daneben, gleichzeitig, das Zurücksinken in die primitiven, undifferenzierten Schichten der Persönlichkeit. Und nun erhebt sich als die nächste Frage, sind solche Regressionen reversibel, d.h. wir wissen es, daß sie oft reversibel sein können, wir sollten eigentlich fragen, ob solche Regressionen in allen Fällen von Schizophrenie reversibel sind? Und dann müssen wir uns weiter fragen, ob nicht auch allen heutigen Anschauungen und bekannten Tatsachen zum Trotz auch der Abbau bei organischen Psychosen reversibel gemacht werden könnte, sieht man doch nach ausgedehnten operativen oder sonstigen Traumata des Gehirnes ein als normal imponierendes Geistesleben.

Die zweite Frage will ich jetzt nicht berühren. Die erste möchte ich eher aus dem Gefühl als auf Grund feststehender Tatsachen mit einem Ja beantworten. Nicht in dem Sinne, daß es unbedingt reversibel sein muß, sondern, unter gewissen Umständen und Bedingungen, es so sein kann.

Und nun: Warum gerade Schizophrenie? Ich meine, wenn schon ein Mensch krank werden muß, warum muß er schizophren und nicht rheumatisch oder leberleidend werden? Wir wissen doch wenig, vielleicht fast nichts, warum man von dieser und nicht jener Krankheit befallen wird, ja warum man überhaupt von einer oder mehreren Krankheiten befallen wird. Die dahinzielende Forschung nahm in der psychoanalytischen Schule ihren Anfang, was einerseits genügt, um sie verfemt werden und kaum beachtet zu lassen; was auf der anderen Seite zur Aufstellung von Theorien führt, die kaum durch Tatsachen, höchstens durch einige auch noch anders zu deutende Beobachtungen und durch keine Erfolge gestützt werden.

Die kommende Forschung wird verschiedene Möglichkeiten haben, diese Frage anzugehen. Es erscheint aber als fraglich, ob die vergleichende Methode das aufklären wird, was heute noch Rätsel bildet. Dies ist nur möglich, meines Erachtens, durch Aufteilung der Menschen in Typen und Kategorien, wobei der körperliche Bau nicht allein, und Temperament und Charakter nicht allein betrachtet werden, sondern beides berücksichtigt werden muß und dazu noch die Reaktions- und Erlebnisfähigkeit des Individuums.

Vorläufig weiß man immer noch furchtbar wenig darüber, warum man krank wird und warum diese und nicht jene Krankheit kommt. Man spricht davon, daß Tbc mit Vorliebe Astheniker befällt, man vergißt aber in diesem Zusammenhang von solchen Asthenikern zu sprechen, welche von der Tbc verschont bleiben. Man spricht von Krankheit als vom Anfang und das ist eigentlich eine Wertung und keine sachliche Ergründung. Diese Art zu urteilen ist eigentlich menschlich durchaus begreiflich, zweckdienlich – als Abwehrreaktion – und vom Standpunkt des praktischen Lebens wohl als die einzig richtige zu bezeichnen. Doch sollte nicht diese Art zu urteilen dem wissenschaftlichen Denken, dem nach Wahrheit suchenden Denken, die Grenzen setzen. Das menschliche Leben ist, wie alles, keine isolierte Erscheinung, es ist ein Glied aus der Kette, welche lang ist, wir sehen weder den Anfang noch das Ende der Kette.

Wir vermögen nur einzelne Glieder zu sehen und diese so verschieden gebauten Glieder nur bis zu einem gewissen Grad zu beurteilen.

5.1.5

7. April 1942

Es ist gleichgültig, ob man von den Abweichungen des Ablaufs der Affektivität oder von denjenigen des Trieblebens spricht. Wahrscheinlich handelt es sich bei jenem Gebiet des Lebens, welches ich nun meine, um keines von beiden oder um ein Gemisch aus beiden, um ein unentwirrbares Gemisch. Doch das ist an sich gleich, man muß nur wissen, was gemeint wird. Wenn ein Schizophrener tobt, so kann man nicht einfach von der geladenen, überspannten Affektivität oder von den verirrten Trieben reden, es handelt sich doch offenbar um so primäre, elementare Lebensäußerungen, welche wohl kaum differenziert werden können. Es ist eine Äußerung des Lebens, welche nicht sozial ist, welche auch nicht zum Vorteil des Befallenen zu sein scheint, welche seine soziale Stellung vernichtet. Welche seine Persönlichkeit nicht nur sozial, sondern auch von dem Standpunkt des Individuums selber unbrauchbar macht. Leistungs- und genußunfähig. Aber was bedeutet das? Wir sehen nur bestimmte Mechanismen, welche vom Trieb, von der Affektivität benützt werden, um eine Entladung herbeizuführen. Diese Mechanismen klassifizieren wir, sie geben uns die Möglichkeit, die Sache zu beschreiben. Mehr sehen wir nicht. Mehr wissen wir nicht. Wir sehen dann das Ende: die schizophrene Verblödung, welche so gut eine Verblödung ist, wie manche organische Verblödung eine ist. Aber was steckt dahinter? Warum? Wir werten zu viel, bei allen Betrachtungen. Kaum haben wir etwas festgestellt – und oft noch, bevor wir etwas festgestellt haben, beginnt schon die Wertung. Nicht nur nach gut und böse; oft nach gesund und krank, sozial oder asozial. Aber stets ist es eine Wertung.

Die schizophrenen Mechanismen können nicht einfach entstehen, so wie aus der Phantasie eine architektonische Form oder eine Farbenkomposition entsteht. Die schizophrenen Mechanismen sind eine Wiederholung derjenigen Mechanismen, welche in der Entwicklung des Individuums schon einmal durchgemacht wurden, unbewußt, in den meisten Fällen. Welche dann verlassen wurden, da sie nicht geeignet waren, gelebt zu werden. Von diesem Standpunkt aus bedeutet also Schizophrenie eine Form des Selbstmordes. Selbstmord im Zeitlupentempo. Aber ist in diesem Falle nicht jede Krankheit Selbstmord, oft im Zeitlupentempo?

Selbstmord ist der Wunsch, seinem Leben ein Ende zu setzen. Das kann schnell und plötzlich geschehen, indem man sich entleibt. Dabei ist der Wunsch, den Tod herbeizuführen, sehr bewußt, er verdrängt die Gegenwünsche, er wird mit dem Lebensinstinkt fertig. Dann gibt es einen langsamen Selbstmord, indem man für sich – völlig bewußt – Lebensbedingungen schafft, von welchen man annimmt, daß sie das Weiterleben über kurz oder lang verunmöglichen. Dann gibt es noch andere Formen, dem Leben zu entsagen, indem man z.B. eine sehr strenge Askese übt, oder, wie Frl. N.N., in ein Kloster geht (damit will ich aber keineswegs sagen, daß alle, die ins Kloster gehen, auf diese Art bewußt oder unbewußt einen Selbstmord begehen, Kloster ist ja ein Kapitel für sich). Und schließlich, last not least, die Schizophrenie. Von diesem Standpunkt aus bedeutet die Schizophrenie einen Verzicht auf das Leben, ob es sich nun um eine Katatonie oder um andere Formen der Schizophrenie handelt. Diese Tatsache braucht dem Kranken keineswegs bewußt zu sein, wenn man auch von den Patienten hie und da hört, daß sie erklären, nun seien sie gestorben.

Der Mensch lebt zuerst darum, weil er auf die Welt gesetzt wurde, weil es der Wille Gottes war, ihm das Leben zu geben. Und nachher lebt er, weil er sich an das Leben gewöhnt hat. Er sieht verschiedenes vor sich, was er erreichen will, darum lebt er. Er sieht einiges, was er noch auf diese oder jene Art erleben möchte, darum lebt er. Wenn beides nicht mehr vorhanden ist, stirbt er. Und das, was Wilhelm Busch über das Ende von Tobias Knopp sagte, ist kein fauler Witz, sondern, wie manches bei Busch, eine tiefe Wahrheit. Der Mensch stirbt, weil seine Zeit um ist. Er stirbt, indem er sich das Leben nimmt, weil er an das Leben nicht mehr glaubt, weil das Leben unerträglich wird. Er stirbt, indem im Verlauf der Auseinandersetzung zwischen dem Wunsch zu leben und dem Wunsch, nicht mehr zu leben, das Leben unterliegt. Diese Auseinandersetzung spielt sich bei den meisten Menschen nicht in der Vernunft ab, sagen wir sogar, *nie* in der Vernunft, es ist eine rein gefühlsmäßige Angelegenheit. Gefühlsmäßig? Es ist falsch, das zu sagen. Das Gefühl spielt dabei mit, aber ist es wirklich die Arena? Spielt sich dieser Vorgang, diese Auseinandersetzung zwischen dem Vagus und dem Sympathicus ab? Sie sind, scheint es mir, nur Erfolgsorgane, sie haben das auszuführen, was der ganze Mensch beschließt. Und dasselbe muß man von den übrigen Organen sagen, sofern man sie einzeln betrachtet. Wir sind durch unsere heutige medizinische Erziehung und unsere eingeschliffene Betrachtungsweise zu sehr in gewissen Vorstellungen verankert. Wir müssen mehr an den Menschen als Ganzes denken. Der Glaube an die Unsterblichkeit der Seele soll uns dabei nicht verwirren, sondern uns zu einer größeren Klarheit gereichen. Die Unsterblichkeit der Seele ist eine Tatsache, welche nach dem Ableben des Menschen zur Geltung kommt. Bei der Analyse der Psychosen müssen wir nicht an das Nachher denken, sondern daran, was sich noch während des Lebens abspielt. Und was ist der Vorgang? Das Leben spielt sich ab, dabei erhält man das Gefühl, das Leben sei wert, gelebt zu werden, oder dieses Gefühl entsteht nicht, und die Folge davon ist der Tod, in einer seiner Formen.

Und solange man lebt, gibt sich das Leben nicht geschlagen, solange man noch atmet, besteht noch ein Funken des Glaubens an das Leben, besteht noch der Wunsch, doch noch zu leben. Dieser Wunsch kann bereits im Erlöschen sein, er kann bereits hochgradig reduziert sein und nahe daran, aufgegeben zu werden, doch er ist da. Und solange er da ist, ist es unsere Pflicht, ihn zu stärken, ihm zu verhelfen, die Oberhand zu gewinnen und dominierend zu werden.

Man kann verschiedene Formen des Sterbens beobachten, und sehr eindrucksvoll ist die Suizidalität der Schizophrenen. Diese ist nicht immer von einer schwer zu bekämpfenden Raffiniertheit. In den meisten Fällen gelingt es, sie zu bemeistern, und sei es durch grobe Gewaltanwendung. Schizophrenie ist eine Form des Selbstmordes, ja, aber ein Selbstmord im Zeitlupentempo. Ein Zustand also, in welchem das Leben nicht nur den Weg sucht, sich auszulöschen, sondern – da es eben doch noch vorhanden ist – zugleich auch den Weg zum Weiterleben sucht. Es kann diesen Weg nicht finden, und es kommt zum Exitus. Es kann diesen Weg innerhalb der Psychose finden, aus Gründen, die später diskutiert werden sollen, und dann fixiert der Mensch den Zustand, welchen sein Leben als geeignet zur Weiterexistenz gewählt hat. Es liegt dann eine chronische Psychose vor. Oder das Leben ist imstande, doch noch einen Ausweg aus diesem Labyrinth des Todes zu finden, zurück zur Zweckmäßigkeit, zurück zum wahren Leben, welches ein Kampf unter den früher gekannten Bedingungen ist, eine Remission findet statt.

Ich nehme also an, daß jede chronische Schizophrenie prinzipiell doch noch die Möglichkeit hat, zu einer Remission zu gelangen. Oder, genauer gesagt, sie selber dürfte diese Möglichkeit kaum mehr haben, aber *wir* sollten diese Möglichkeit finden. Das Material ist nicht tot, es ist nicht eine Narbe, die ein Gewebe darstellt, welches nicht mehr zu funktionstüchtigem Muskel oder Drüse werden kann. Sondern es ist das Leben, welches in seiner Auseinandersetzung mit dem Sterben nicht fertig ist, es handelt sich darum, diese Auseinandersetzung auf eine Ebene zu stellen, welche heißt: normales Leben.

Aber wie soll das geschehen? Man verfällt nur zu leicht der Versuchung, die Psychosen dort anzugreifen, wo man organische Veränderungen feststellt oder Veränderungen in der Funktion der Organe, der Hormondrüsen z.b. Ob das angeht, wird sich dereinst erweisen. Nach dem bisher Gesagten dürfte es sich dabei um eine bloß symptomatische Therapie handeln. Um zum Erfolg zu gelangen, zum sicheren Erfolg, nicht nur tastend und ratend, muß man eben das Leben anpacken, das ganze Leben. Man muß mitten in die Auseinandersetzung zwischen dem Leben und dem Sterben eingreifen können. Man muß das Leben in eine Bahn lenken, wo es die Möglichkeit hat, einen starken, vielleicht unbändigen Strom zu bilden, wo es für eine solche Auseinandersetzung gar keinen Platz mehr gibt.

Und anstatt die Mechanismen der Psychose genau zu studieren, Mechanismen, welche nur zu gut bekannt und erforscht sind, müssen wir daran gehen, die Mechanismen des Lebens zu studieren.

5.1.6

12. April 1942

Psychose als Auseinandersetzung von Lebenswillen und Selbstmordabsicht, als Ausdruck dieses Kampfes, dessen Pathoplastik in erster Linie wohl konstitutionsbedingt ist und erst in zweiter Linie – wenn überhaupt – durch die Lebensumstände wie Lebensweise, Lebensinhalt, Erziehung usw. beeinflußt wird. Nicht nur bei Psychotischen, auch bei normalen Menschen entsteht oft der Eindruck, daß der Mensch, von der Seite des Triebablaufes her betrachtet, einen Lebenslauf vollzieht, welcher nur den Ausdruck seines Innenlebens gibt und welcher sich nicht durch exogene Faktoren beeinflussen läßt. Was dagegen spricht, spricht nur scheinbar dagegen. Anschluß an Mitmenschen, Anpassung an die Umgebung ist nichts als Formsache, doch der Inhalt bleibt stets der nämliche, es bleibt jener Inhalt, welcher eben durch Konstitution bedingt ist, welcher aus dieser herauswächst.

Selbst die Möglichkeit, die Abweichung von dieser konstitutionsbedingten Bahn könnte durch schwere Schicksalsschläge verursacht werden, soll nur sehr bedingt zugegeben werden. Bekanntlich können schwere und scheinbar völlig unverschuldete Schicksalsschläge Folge des eigenen Tuns und Lassens sein, auch wenn der Zusammenhang für den Betroffenen und seine Umgebung nicht ersichtlich ist. Dann aber können Schicksalsschläge den Lebenslauf – immer nur von der Innnenseite gesehen! – sozusagen unbeeinflußt lassen. Und in jenen Fällen, in welchen beide Möglichkeiten völlig ausgeschlossen scheinen, muß unterstrichen werden, daß solche Ereignisse an sich selten sind (wie z.b. eine Naturkatastrophe oder ein schweres Eisenbahnunglück oder Ähnliches. Doch gibt es solche Ereignisse, welche in das Schicksal der Masse und des einzelnen tief eingreifen, dieses scheinbar gänzlich verändern). Daß ferner die Betroffenen, im Anschluß daran, ihr Seelenleben keineswegs ändern, sondern in den meisten Fällen doch an die neuen Umstände anpassen, ohne den Grundcharakter der Seele zu wechseln. Es soll keineswegs bestritten werden, daß solche als völlig radikal erscheinenden Änderungen des Ablaufs des Trieblebens – immer wieder nur von innen gesehen – möglich sind und auch tatsächlich, wenn auch selten, vorkommen. Doch handelt es sich dabei um Ausnahmen. Ich kann von Glück reden, daß es solche Ausnahmen überhaupt gibt, diese ermöglichen uns, das Seelenleben als modulationsfähig – wenn auch in sehr beschränktem Maße – zu bezeichnen und so an die Berechtigung einer wirksamen und eingreifenden Psychotherapie zu glauben. Aber wie gesagt, dies ist nicht häufig. Betrachtet man einen Menschen mit der Absicht, den Ablauf seines Trieblebens zu beurteilen, so gewinnt man den Eindruck, daß wir nicht ein auf dem See frei und lustig hin und her bewegtes Schifflein, sondern einen stets in der gleichen Richtung fahrenden Eisenbahnzug haben, welcher zudem nicht daran denkt, aus dem Geleise zu gehen.

Der Lebenstrieb ist eine Kraft, welche aber nur in der allerersten Lebenszeit als solche beobachtet werden kann. Schon sehr früh erfolgt die Differenzierung zu mehreren anderen Erscheinungsformen. Schon sehr früh werden vom Kind diejenigen Ereignisse erlebt, welche nicht nur während der Kindheit, sondern auch während des ganzen weiteren Lebens dasselbe ausmachen und unter Umständen auch ausfüllen: Hunger, Essen, Sattsein, Stuhldrang, Nässe, Unwohlsein und auch Wohlsein. Ruhe und Unruhe, Müdigkeit und Schlaf, Lustgefühle und Unlustgefühle werden empfunden und auch als Erlebnis festgehalten. Sie werden zu unentbehrlichen Bestandteilen des Lebens, aber sie sind nicht tonangebend, wenn sie auch unentbehrlich sind. Sie bleiben nur Formen, in welche der Lebenstrieb ausgegossen wird, sie charakterisieren aber diesen nicht. Um diesen zu erfassen und zu verstehen suchen, müssen wir nach anderen Aussichtspunkten forschen und uns dabei doch vor Augen halten, daß Leben und Lebenstrieb eben jenes Ding an sich sind, welches sich unserer völligen Erkenntnis schon wegen seiner Natur entzieht. Je mehr wir darüber erfahren und erkennen, desto mehr Fragen stellen sich wieder neu ein. Doch dies gehört nicht ins Kapitel unseres Suchens.

Man könnte zunächst einfach versuchen, ein Verzeichnis der Gefühle aufzustellen, welche uns überhaupt bekannt sind, um dann zu versuchen, innerhalb einzelner Kategorien weiterzukommen. Allein dieses Verfahren wurde schon oft und von verschiedenen psychologischen und philosophischen Richtungen geübt, ohne daß dabei psychotherapeutisch bedeutsame Dinge herausgekommen wären. Und auch Pädagogen könnten sich nicht rühmen, hier auf den Grund gekommen zu sein. Wenn trotzdem auf dem Gebiet der Erziehung vieles geleistet wird, so entspringt diese Leistung nicht den theoretischen Betrachtungen über Lebenstrieb und Triebdifferenzierung, sondern einem guten Einfühlungsvermögen, einer Erfahrung, welche sich bewährt hat und vielleicht hauptsächlich der Tatsache, daß während der Erziehung vor allem einige Einflüsse, welche erfahrungsgemäß schädigend wirken, ausgeschaltet werden sollen, bei normalen Kindern ergibt sich das Übrige sozusagen von selbst, wenn man ihnen nur einige Kenntnisse beibringt und einiges vorlebt, was dann im Leben meistens benötigt wird. Aber Gefühle einteilen, Triebe tief analysieren, indem man schon vorher dogmatisch festgelegt ist, das führt nicht zum Zweck, den ich suche. Schon darum nicht, weil dabei zu oft und zu viel auf Wertungen herauskommt, nicht zu kühlen Erkenntnissen. Was gibt einem z.B. die ganze Hedonik? Von welcher Lebenserscheinung kann behauptet werden, sie sei stets und unter allen Umständen frei vom lustbetonten Erleben?

Es bereitet Schwierigkeiten, Leben an und für sich schon zu definieren, Leben ist doch schließlich eine Tätigkeit, also etwas Dynamisches, doch was steckt dahinter? Es nützt nicht viel, vom Lebenstrieb zu reden, vom Lebensdrang, von der organischen Materie, welche immerfort komplizierte Stoffwechselvorgänge durchmacht, von einer Seele, welche den an sich unbelebten Körper eben zum Leben bringt usw. Die Tatsache ist und bleibt als wesentlich: wir haben es hier mit einem Vorgang zu tun, es wird dabei ständig Energie gebildet. Über die Natur dieser Energie sind und werden immer wieder Theorien und Hypothesen aufgestellt, welche bisher nicht vermocht haben, klare Begriffe anstatt nur neue Worte oder Redewendungen zu bringen. Wir wissen nichts über die Natur dieser Energie. Doch wir wissen genug über diese Energie selber, d.h. darüber, wie sie in Erscheinung tritt. Wir wissen, daß diese Energie immerfort produziert wird. Und es sind uns – auf psychischem Gebiet – zahlreiche Erscheinungsformen des Energieablaufes bekannt. Dabei meinen wir nicht die körperlichen Vorgänge schlechthin, wir sprechen ausdrücklich vom psychischen Gebiet. Dabei soll aber festgehalten werden, daß es eigentlich kein psychisches oder körperliches Gebiet für sich gibt, beides greift ineinander über, wir sind nicht imstande, einen Trennungsstrich dazwischenzuführen, und wir glauben, daß eben erst nach dem Tode, wenn die unsterbliche Seele in keinem Zusammenhang mehr mit dem Körper steht, vom seelischen Geschehen allein gesprochen werden kann, vorher nicht.

5.1.7

17. April 1942

Befaßt man sich eingehend mit dem Prinzip der Mneme, mit dem erhaltenden Prinzip im organischen Leben, und baut man dieses aus, indem man die sich daraus ergebenden Schlußfolgerungen soweit als zulässig verallgemeinert, so gelangt man zu erstaunlichen Ergebnissen.

Beginnen wir bei den Sinnesorganen. Man weiß aus Erfahrung, daß Sinneseindrücke etwas sind, woran man heute nicht mehr zweifelt, mehr weiß man aber nicht darüber. Sie werden erlebt, bewußt erlebt in den meisten Fällen, aber worin sie letzten Endes bestehen, das weiß man nicht. Die Sinnesorgane werden von Reizen getroffen, und die Leitungsbahnen leiten diese Reize zu Zentren. Was dort geschieht, wissen wir nicht. Wir wissen nur, daß uns das Gedächtnis ermöglicht, die Eindrücke der Sinnesorgane, das Gesehene, Gehörte usw. zu behalten und zu reproduzieren. Es ist daher anzunehmen, daß in gewissen Stellen des Organismus dabei Veränderungen eintreten, welche wahrscheinlich in die Nervenzellen lokalisiert werden müssen. Diese Veränderungen, uns ihrer Natur nach unbekannt, gehören ins Kapitel Mneme. Das sind Engramme.

Dürfen wir mit Sicherheit annehmen, daß die Nervenzellen allein den Sitz der Engramme bilden? Wir haben keinen Grund für diese Annahme. Wir wollen lieber annehmen, daß auch Sinnesorgane selber, ferner die Leitungsbahnen den Sitz der Engramme bilden. Diese Engramme mögen für das Denken keine oder nur eine untergeordnete Rolle spielen, doch es besteht kein Grund, um für die erwähnten Organe die Fähigkeit, Engramme zu bilden, zu bestreiten.

Sicherlich spielen diese Engramme, welche in die peripheren Organe lokalisiert werden, auch ihre Rolle beim Ablauf der

Funktion des Organes, also bei der Reizapperzeption und bei der Reizleitung.

Die Fähigkeit, Engramme zu bilden, beschränkt sich aber sicherlich nicht auf Sinnesorgane und Nerven. Mneme ist ein Prinzip des organischen Lebens. Alle Organe, alle Zellen und Gewebe müssen zuerst lernen, im Rahmen des Gesamtorganismus zu funktionieren, ihre Funktionen hinterlassen in einer Epithel- oder Drüsenzelle sicherlich Engramme. Das ständige Funktionieren der Zelle kann als Parekphorieren dieser Engramme aufgefaßt werden. Ist Anaphylaxie etwas anderes als Parekphorieren solcher Engramme? Das Beispiel der Anaphylaxie und der Desensibilisierung soll uns später in einem anderen Zusammenhang beschäftigen.

Der Vorgang der Engrammbildung erscheint uns als sehr kompliziert, mit Recht, er ist es auch, wenn man nicht an die Arbeit der Sinnesorgane, sondern an das Denken schlechthin herankommt. Dabei meine ich nicht das primitive Denken, sagen wir eine Überlegung, wie koche ich dieselbe Suppe, welche ich schon oft gekocht habe. Bei diesem Denken weiß man genau, was man zu tun hat, und man weiß auch, was herauskommt. Nein, ich meine nicht dieses Denken, welches aus dem Parekphorieren von bereits oft in diesem Zusammenhang und in dieser Reihenfolge parekphorierten Engrammen entsteht. Ich meine das suchende Denken, jenes Denken, bei welchem ein Ziel gesteckt wird, auf welches nun losgesteuert wird, ohne zu wissen, wie man eigentlich dorthin gelangen soll. Wenn z.B. nach einem Beweis für eine Vermutung gesucht wird, so ist es nach meinem Dafürhalten noch nicht jenes suchende Denken. Vermute ich z.B., jemand schade mir im Versteckten, so muß ich irgend etwas gespürt haben und suche nun nach Möglichkeiten, das Pro und Contra zu sammeln und gegeneinander abzuwägen. Schon das ist oft kein einfacher Vorgang. Das aber, was ich unter suchendem Denken verstehe, ist noch wesentlich komplizierter. Dazu würde z.B. die Suche nach einer anderen

Auffassung über Schizophrenie als der heutigen gehören, verbunden mit der Absicht, eine mit Sicherheit wirksame Behandlungsmethode zu finden. Auch bei diesem Denken steckt man sich ein Ziel, und man sucht, man sucht Mittel und Wege, dieses Ziel zu erreichen, indem man Engramme parekphoriert, oft vergebens, meist vergebens. Dabei werden Begriffe gebildet. Diese bedeuten aber immer wieder neue Engramme, die dann wieder parekphoriert werden können. Wir können ungefähr vermuten, wo der Sitz der aus der Tätigkeit der Sinnesorgane resultierenden Engramme ist. Die Erforschung der Leitungsbahnen, die Kenntnis der Nervenzentren berechtigen uns zur Annahme, daß wir es wissen, wo diese Engramme ihren Sitz haben. Doch wo sollen die anderen Engramme ihren Sitz haben, ich meine jene, welche aus reiner Denkarbeit resultieren, welche weder mit dem Sehen, noch dem Hören, noch anderer Tätigkeit der Sinnesorgane etwas zu tun haben? Begriffe, welche wir bei der Denkarbeit bilden, bei einer Überlegung, wobei weder gesprochen noch geschrieben wird?

Schon bei der Tätigkeit der Sinnesorgane muß angenommen werden, daß ein und derselbe Sinneseindruck wohl mehr als an nur einem Ort Engramme bildet. Befühlt man z.B. irgendeinen Körper, so bilden sich, infolge der Sinneseindrücke, Engramme sowohl im Rückenmark wie in verschiedenen Stellen des Gehirnes. Beim Wiederbetasten desselben Gegenstandes werden wohl dieselben Engramme nicht nur gebildet, sondern auch das erste Engramm parekphoriert. Ferner müssen auch jene Engramme parekphoriert werden, welche auf dem affektiven Gebiet entstanden waren, also nicht nur Lust oder Unlust oder ein Gemisch von beiden, sondern sehr wahrscheinlich Gefühlsregungen, welche nicht nur von diesem Standpunkt des entweder Lust- oder Unlustgefühls aufgefaßt werden können. Denkt man gelegentlich aus irgendeinem Grund an diesen Gegenstand, so werden die Engramme alle parekphoriert. Sie sollten es wenigstens. Inzwischen sind aber schon neue, sich darauf beziehende Engramme hinzugekommen und werden in erster Linie parekphoriert und bestimmen – wohl nur auf affektivem Weg –, ob die ursprünglich gebildeten Engramme alle oder nur teilweise parekphoriert werden sollen. Sie werden sicherlich alle, doch nicht alle gleich intensiv, parekphoriert. Das Bewußtsein nimmt beim Parekphorieren nicht alle Engramme, aus allen Schichten der Persönlichkeit gleichzeitig oder gleich aufmerksam auf, sondern eben nur jene, welche es zu einem momentan gegebenen Zweck benötigt.

5.1.8

21. April 1942

Daß Leben ein Kampf ist, seinem Begriff und Inhalt nach ein Kampf mit Nichtleben, das wissen oder spüren alle. Daß es im Verlaufe des Lebens Situationen gibt, wo man lieber nicht mehr leben würde, das wissen viele. Um nicht zu sagen alle. Es gibt viele Selbstmörder und noch mehr solche, die nicht mehr weit davon entfernt waren. Wird kein Selbstmord verübt, so gibt es verschiedene Möglichkeiten, das Leben weiterzuführen. Es ist denkbar, daß man sich allmählich mit dem Leben, mit der Situation soweit abfindet, daß der Kampf, welcher Leben genannt wird, weitergeführt wird, in einem bejahenden Sinn. Eine andere Möglichkeit ist ein Leben, welches sich beim näheren Betrachten nur als ein langsamer Selbstmord auffassen läßt. Ich will hier noch nicht differenzieren, was als Schlag von außen, was als Folge des Schuldgefühls angesehen werden soll. Sollen die sogenannten somatischen Leiden noch als rein somatisch aufgefaßt werden, wenn man der Meinung ist, der Mensch sei nicht eine Zweiteilung aus Soma und Psyche, sondern stelle ein Ganzes dar? Sollen diejenigen Leiden, welche langsam schleichend verlaufen, aber ebensogut zur Genesung gelangen könnten, nur durch somatische Vorgänge erklärt oder begründet werden? Soll nicht der ganze Mensch betrachtet werden, sollen nicht viele Krankheiten als Ausdruck des Lebensunwillens beurteilt werden? Ich sage viele, wenn ich eigentlich alle sagen möchte, doch zögere ich, weil ich weiß, daß sehr wahrscheinlich Tetanus oder Milzbrand auch im Menschen, welcher nichts darüber noch etwas vom Lebensüberdruß wissen kann, schon so wirkt, daß man annehmen muß, es seien dem menschlichen Leben noch andere Grenzen gesetzt als der eigene Drang zu leben oder zu sterben. Doch gibt es schließlich Erdbeben und andere Naturkatastrophen, und die Betrachtungsweise vom Lebenswillen und -unwillen wird dadurch in ihrem Wesen nicht beeinträchtigt.

Und ist die Psychose, insbesondere die Schizophrenie, nicht auch schon ein Selbstmord, und dabei nicht immer ein langsamer? Zeitweise will es mir aber scheinen, daß, wenn ich mich so ausdrücke, ich bereits auf das Gebiet der Wertungen gelange. Ist denn Schizophrenie wirklich ein Selbstmord, ist sie das immer? Muß man nicht bisweilen annehmen, daß, wenn das Leben und die Spannung einem zur Last werden können, es dann noch eine Fluchtmöglichkeit gibt, weg vom Leben in eine andere Schicht der Persönlichkeit, wo dann eine andere, wahnhafte, dafür aber erträgliche Welt, aufgebaut wird, wo wir dann sehen können, wie so viele, wenn nicht alle Wünsche und Verwünschungen, wahnhaft zwar, aber doch in Erfüllung gehen? Doch kann man dem Selbstmord sagen? Ist das nicht viel eher Flucht vor dem Tode mit dem Versuch, sich ein anderes Leben, eine andere Lebensmöglichkeit auszubauen? Es würde dann heißen, daß beim betreffenden Menschen die Psychose für einige Zeit wenigstens eine Rettung vor dem Tod ist, während das Leben, das wirkliche Leben, mit verschiedenen Tatsachen und Situationen(1)

(1) Hier bricht der Text ab.

5.1.9

28. November 1942

Wohl einer der wesentlichen Faktoren der Pathogenese in der Psychose ist die Auswirkung der erblichen Belastung. Dies wird heute kaum mehr bestritten. Man sieht täglich Fälle, wo deutlich die von jedem von beiden Eltern ererbten Komponenten getrennt in Erscheinung treten. So wechseln z.B. bei N.N. die Zustände. Bald tritt die väterlicherseits ererbte depressive Komponente allein in den Vordergrund und beherrscht das Zustandsbild. Patientin ist sichtlich depressiv, bisweilen weinerlich, dann wieder steif und unzugänglich. Dann wieder ist von einer Depression nichts zu sehen, die mütterlicherseits ererbte paranoide Komponente tritt in den Vordergrund und beherrscht nun das Zustandsbild. Patientin erklärt, man verfolge sie, man wolle sie töten, sie habe 39° Fieber, und man vergifte sie, anstatt sie zu behandeln. Sie halluziniert, die Stimmen beschimpfen sie. Sie meint, sie müsse sofort eine Reise nach Italien machen, dort werde sie erwartet. Macht man ihr eine Injektion, so erklärt sie, sie sei Christus, und man töte nun Christus.

Es entsteht dabei der Eindruck, während solcher Zustände ist eben die Persönlichkeit völlig gespalten, und zwar kann man eben feststellen, daß die Spaltung bei dieser Patientin unter zwei Formen in Erscheinung treten kann. Bei der einen Form ist es nur der väterlicherseits ererbte Teil, der sich zeigt, bei der zweiten Form der Spaltung tritt der mütterlicherseits ererbte Teil in Erscheinung.

Auch durch genaue Selbstbeobachtung konnte ich an mir selber feststellen, daß meine Persönlichkeit, als Ganzes, deutlich und unverkennbar Komponenten aufweist, welche ich von beiden Eltern habe. Allein, ich kann mich bemühen soviel ich will, es gelingt mir auf keinen Fall, die väterlicherseits ererbten Komponenten von den mütterlicherseits ererbten zu trennen. Es kann stets nur ein Ganzes empfunden und festgestellt werden. Ich kann denken, fühlen, handeln wie ich will. Bisweilen ist es

vorwiegend die Mutter, die handelt, bisweilen der Vater, aber
eben stets, wenn überhaupt, nur „vorwiegend", nie allein, sondern
beide gemeinsam. Nach längerer Selbstbeobachtung ist es
für mich deutlich fühlbar, wie meine ganze Persönlichkeit stets
und jederzeit aus diesen beiden Komponenten besteht. Dieses
Verhalten ist offenbar charakteristisch für geistig Gesunde sowie
für Schizophrene während der Remission.

Es ist nicht ersichtlich, was die somatische Grundlage dieses
Verhaltens bildet. Entweder ist es jeweils nur ein Teil der Nervenzellen
oder Zentren, die in Funktion treten. Oder aber das
Nervensystem bildet nur eine bestimmte Art von jetzt noch
nicht erfaßten Funktionen.

5.1.10

8. Januar 1943

Bei der schizophrenen Erregung könnte man sich ungefähr folgenden
Vorgang vorstellen: in der Nervenzelle wird ein Stoff –
daselbst erzeugt oder auf irgendeinem Wege dorthin gelangt –
derart wirken, daß durch ihn Vorgänge im Zellenstoffwechsel
erzeugt werden, welche sich nach außen als psychomotorische
Erregung manifestieren. Sollte es also gelingen, in der Zelle
selber diesen Stoff zu zerstören oder den bereits im Ablauf befindlichen
Prozeß zu unterbrechen, so könnte die Erregung koupiert
werden, oder sie könnte zum mindesten, wenn sie sich
schon im Gang befindet, abgekürzt werden.

Es dürfte eine Reihe von Substanzen in Betracht fallen, um zur
Erreichung dieses Zweckes versucht zu werden. Das könnte
vom jeweiligen Stand der bereits eingetretenen Erregung abhängen
(ist die Erregung nicht da, so könnte man auch nichts
applizieren, um mit Sicherheit sagen zu können, darum eben
sei die Erregung nicht zum Ausbruch gekommen). Oder von der
Konstitution des Patienten oder eventuell auch von der Art der
Erregung, ob manische, schizophrene, organische oder rein psy-

chogene Erregung; denn verschiedenes scheint dafür zu sprechen, daß diese Erregungen nicht alle sich gleich äußern und der ihnen zugrundeliegende Vorgang überall und stets identisch ist.

Als geeignet scheint mir ein Stoff, welcher schon physiologisch im Stoffwechsel der Nervenzelle im allgemeinen eine wesentliche Rolle spielt, das ist Vitamin B_1, das Aneurin. Durch Verabreichung verschiedener Dosen des Aneurin soll versucht werden, die Erregung zu reduzieren oder abzukürzen. Ferner, so paradox es auch klingen mag, kann angenommen werden, daß auch die Steifheit bei der Katatonie prinzipiell auf einer ähnlichen Grundlage beruht, wie die katatone Erregung: das Vorhandensein eines Stoffes in der Nervenzelle, welcher den Ablauf eines Vorgangs in einer solchen Weise beeinflußt, daß eben die Steifheit erfolgt.

Näheres darüber wird später bei der Betrachtung der Psychosen vom Standpunkt des mnestischen(1) Prinzipes aus geschildert. Einstweilen soll die Wirkung des Aneurins ausprobiert werden, bei subkutaner und intravenöser Injektion, auch soll die zweckmäßigste Dosierung herausgefunden werden.

(1) Semon, Richard: Erinnerung, Gedächtnis des Nervensystems (1904). S. u. Dokument 5.1.15, Anmerkung 1.

5.1.11

22. Februar 1943
In der Schweizerischen Medizinischen Wochenschrift vom 30. Januar 1943 können der Arbeit von Fierz, Jadassohn und Vollenweider(1) interessante Einzelheiten entnommen werden, welche im Zusammenhang mit den Untersuchungen betreffend die Rolle des Histamins beim anaphylaktischen Schock erwähnt werden. So unter anderem die Theorie von Edlbacher, Jucker, Baur. An verschiedenen Meerschweinchenpräparaten konnte die Wirkung des Histamins verhindert werden, indem diese Präpa-

rate vorher mit verschiedenen anderen aminohaltigen Körpern behandelt wurden. Es werden eine Anzahl solcher Körper aufgezählt, ihr Gehalt an NH und NH2 wird angegeben, ferner ihre Wirksamkeit bei der Verhütung der Histaminwirkung beschrieben.

Im Zusammenhang mit dieser Feststellung drängen sich einem gewisse Überlegungen geradezu zwingend auf: sie betreffen die Frage der zweifellos vorhandenen Wirkung von Aneurin-Injektionen bei schizophrenen Erregungen, sowie die Wirkung von verschiedenen Narcoticis, vornehmlich aus der Reihe der Barbitursäuren, also der sogenannten Stammhirnmittel. Seit den Untersuchungen von Williams, Westphal, Andersag(2), Bergel(3) ist die Konstitution des Aneurins bekannt.

Roche: Die Vitamine, 1941, 3, S. 4(4):

Pyrimidinring und Thiazolring (Zeichnung von BP, mp)

Beim Aneurin-Stoffwechsel beteiligt sich der Thiazolring an der Bildung des Carboxylase-Fermentes. Warum aber soll dem Pyrimidin-Ring nicht die Wirkungsweise zukommen, die auch bei anderen Pyrimidinderivaten beobachtet wird?

(1) Jadassohn, W., Fierz-David, H. E. and Vollenweider, H.: Inhibition of histamine contraction and of anaphylactic reaction by NH-containing substances. In: Schweizerische medizinische Wochenschrift 73, 122–124 (Januar 1943), deutsch: Die Hemmung der Histaminkontraktion und der anaphylaktischen Reaktion durch Iminokörper. In: Helvetica Chimica Acta 27, 1384–1406 (1944).

(2) Andersag, Hans und Westphal, Kurt: Quaternary thiazolium compounds having antineuritic activity. The structure of vitamin B_1. 1945 (Winthrop Chemical Co. Inc.).

Williams, Robert R.: Chemistry of Vitamin B_1 (thiamin). In: Ergebnisse der Vitamin- und Hormonforschung 1, 213–262 (1938).

Bergel, Franz und Todd, A.R.: Some analogues of aneurin. In: Journal of the Chemical Society 1937, part II, 1504–1509.

(3) Roche (Hofmann-La-Roche): Die Vitamine. Ergebnisse der neuesten Vitaminforschung, 1940ff.

5.1.12
28. Februar 1943

M. Guggenheim(1): Biogene Amine. Über Aneurin, S. 78: Zu den Alkanolaminen gehört auch das Aneurin (Vitamin B_1, Thiamin). Das Aneurin enthält, wie das Cholin, einen b-Oxyäthylrest, der als Seitenkette an einem Thiazolring haftet. Als quartäre Ammoniumgruppe funktioniert ein Stickstoffatom dieses Thiazolringes, der durch eine Methylengruppe mit 2-Methyl-4-aminopyrimidin verknüpft ist. (Es gehören dazu außerdem u.a. Cholin, Acetylcholin, Muscarin, Adermin).

S. 100: Das Acetylcholin entsteht offenbar im erregten Nerven aus dem Cholin, das sich durch eine hydrolitische Spaltung aus den Phosphatiden loslöst und mit Acetylresten, welche einem gleichzeitig verlaufenden Kohlehydratabbau entstammen, zusammentritt. Phosphatidspaltung und Kohlehydratabbau wie auch die Mobilisation von Kalium und Aneurin und vielleicht noch anderen Substanzen sind Stoffwechselvorgänge, welche mit der Erregung des Nerven zusammenhängen und sie bedingen. Deshalb vermögen auch alle diese Stoffwechselprodukte bei der Übertragung des nervösen Impulses auf das Erfolgsorgan synergistisch zusammenzuwirken.

S. 135: Wird Acetylcholin in den in situ befindlichen Darm des Meerschweinchens gebracht, so übt es auf denselben auch in höheren Konzentrationen (z.B. 1 mg in 2,5 ccm Tyrodelösung) keine Wirkung aus. Auch subkutane und intramuskuläre Injektionen erregen den Dünndarm des Meerschweinchens nicht. Intravenöse Injektion und Injektion in die Carotis lösen eine einzige peristaltische Welle aus. Bei Injektionen in die Mesenterialarterie beträgt die Grenzkonzentration $1:10^6$. Die Anwesenheit von Aneurin vermag die erregende Wirkung des Acetylcholins auf den Darm synergistisch zu beeinflussen. Auch andere parasympathische Reizwirkungen des Adrenalins erfahren unter dem Einfluß von Aneurin eine Förderung. Der überlebende Darm von Aneurin-frei ernährten Beri-Beri-kranken Tauben reagiert auf Acetylcholin weniger leicht oder weniger lang. Zusatz von Aneurin stellt das gestörte Reaktionsvermögen wieder her. Der Synergismus von Aneurin und Acetylcholin hängt vielleicht auch damit zusammen, daß bei der Erregung cholinergischer Nerven sowohl Acetylcholin wie Aneurin als Aktionssubstanzen auftreten.

(1) Guggenheim, Markus: Die biogenen Amine und ihre Bedeutung für die Physiologie und Pathologie des pflanzlichen und tierischen Stoffwechsels. 1. Aufl., Berlin 1920, 3. vollständig neu bearbeitete Auflage Basel & New York 1940.

5.1.13

20. März 1943

Zwischen der Feststellung v. Muralts(1) betreffend das Freiwerden von B_1 und Acholin bei der Reizung der Nerven und der Feststellung, daß bei Injektion von Aneurin in großen Dosen in vielen, bei Injektion von Aneurin kombiniert mit Prostigmin oder Physostigmin in allen Fällen entweder rasche völlige Beruhigung oder doch eine ersichtliche, sofort feststellbare Abnahme der Erregung stattfindet, zwischen diesen beiden Feststellungen liegt doch noch ein Stück Rätsel und Unklarheit. Beim Beginn meiner Versuche ging ich von der Überlegung aus, durch irgendwie herbeigeführte Stoffwechselerhöhung innerhalb des Zentralnervensystems soll eine Substanz, welche für das Zustandekommen, für die Auslösung der psychomotorischen Unruhe verantwortlich ist, im Verlauf dieses Stoffwechselvorganges derart zerstört werden, daß keine stürmischen Erscheinungen auftreten, wie z.B. eine vermehrte motorische Unruhe oder gar ein epileptischer Anfall, wie beim Elektro- oder

Cardiazolschock oder die im Insulinkoma und beim Erwachen aus demselben zu beobachtenden Erscheinungen. Als erste zu prüfende Substanz nahm ich mir Aneurin vor, da die Affinität desselben zu Stoffwechselvorgängen im Zentralnervensystem aus den Heilerfolgen bei Beri-Beri feststeht. Hingegen habe ich mir die schizophrene Erregung nie als eine Aneurin-Avitaminose vorgestellt. Das Vitamin B_1 sollte in diesem Fall also nicht als Ersatz für das Fehlende zugeführt werden, sondern als ein Pharmakon, ein Heilmittel sui generis auf seine Wirksamkeit hin geprüft werden. Die durch die Aneurinanwendung zu zerstörende Substanz habe ich nur sehr vage vermuten können. Am ehesten dachte ich an Adrenalin oder eine Vorstufe von Adrenalin, die in die Nervenzelle eindringt und dort eine Reihe von Vorgängen auslöst, welche das Zustandekommen des Erregungszustandes bedingen. Doch war ich keineswegs sicher, daß es sich dabei unbedingt um Adrenalin handeln muß. Es wäre eventuell denkbar, daß durch die Einwirkung Adrenalins Acholin frei wird und durch dieses Freiwerden der Ablauf der Erregung ausgelöst wird. Gegen diese zweite Annahme schienen die in vielen Fällen von manischer oder maniformer Erregung bei peroraler Anwendung von Gynergen zu beobachtenden Erfolge zu sprechen. Denn es war dabei naheliegend, auf eine Hemmung des Sympathicus zu schließen. Doch dachte ich eben bei jenen Gynergenfällen an die Möglichkeit, die Beruhigung sei eingetreten durch eine Wirkung auf die Peripherie und dadurch müsse sie also als reflektorisch bezeichnet werden. Heute jedoch neige ich immer mehr zur Annahme, es handle sich bei Gynergen um Wirkung auf die Angriffsstellen des Adrenalins, mögen sie liegen, wo sie wollen. Mag sein, daß diese Wirkung an einem Ort (z.B. Uterus) stärker als an einem anderen (z.B. Gehirn) in Erscheinung tritt, aber auch das ist noch keineswegs abgeklärt.

Erst im Verlaufe meiner Untersuchungen stieß ich auf die Arbeit v. Muralts über die eingefrorenen Erregungen.

(1) von Muralt, Alexander: Die Signalübermittlung im Nerven. Basel 1945.
Ders.: „Gibt es Aktionssubstanzen bei der Nervenerregung?" (Vortrag, gehalten vor der Berliner Physiologischen Gesellschaft am 27. Januar 1939) In: Die Naturwissenschaften 27, 265–270 (1939).
Ders.: Role of acetylcholine and vitamin B_1 in nervous excitation. In: Nature, London 152, 188–189 (August 1943).

5.1.14

23. März 1943

Zwei interessante und aufschlußreiche Beobachtungen: zwei Patienten waren seit einigen Tagen ruhig, ganz ohne Narkotika, mit 2 Mal täglich 50 mg Aneurin und 1 mg Physostigmin, je morgens und abends. Es fiel aber dabei auf, daß bei aller Ruhe (Patient N.N. war stets isoliert) die Grundstimmung doch, wenn auch nicht ausgesprochen euphorisch, so doch zufrieden war. Die Augen waren lebhaft und glänzten; die Wangen waren rot. Puls nicht erhöht, stets etwa 60–70. Seit etwa drei Tagen erhielt er um 12 Uhr 1/2 mg Gynergen, in der Absicht, dann allmählich die andere Medikation abzubauen. Ab heute 6 Uhr ist er sehr lebhaft, manisch. Die Injektion von heute morgen brachte keine Beruhigung. Er erhielt um 12 Uhr 1 mg Gynergen. Vor dieser Injektion, als wir in die Zelle traten, wurde er aggressiv gegen seinen Pfleger.

Die Patientin N.N. ist seit Tagen verwirrt, halluziniert intensiv. Dabei aber bleibt sie ruhig, erhielt Injektion von Vitamin und Physostigmin. Dazu seit einigen Tagen auch Gynergen. Solange sie große Dosen Vitamin hatte, war sie vielleicht etwas lebhafter, aber zufrieden und nicht aggressiv. Jetzt, da Aneurin allmählich ganz sistiert wurde und Gynergen und Physostigmin verabreicht wurden, schien sie viel ruhiger, sie schlief auch am Tag hin und wieder, dabei blieb sie verwirrt und halluzinierte. Doch in den letzten Tagen wird sie in zunehmendem Maße aggressiv, und zwar unerwartet und unvermutet, da sie vorher eben ganz ruhig war.

Beide Patienten erinnern an jene Epileptiker, welche gereizt und tätlich werden, wenn sie keine Anfälle haben. Bei beiden war dies nicht der Fall, solange sie viel Aneurin erhalten haben.

Bei beiden erhebt sich die Frage, warum bei dieser Medikation nicht die Umschaltung auf andere Mechanismen, nämlich depressive, erfolgt ist, während dies bei anderen Patienten (auch bei kleineren Dosen und nur bei der Verabreichung eines Teils dieser Präparate) erfolgte, d.h. entweder depressive Stimmung oder doch eine sichtliche und anhaltende Beruhigung. Es ist noch unklar, ob noch höhere Dosen Aneurin, Physostigmin und Gynergen verabreicht werden sollten. Oder ob hier Mechanismen und Zentren im Spiel sind, welche durch diese Medikation zwar einigermaßen beeinflußt, aber nicht so umgeschaltet werden können, wie es der Fall ist, wenn es sich lediglich um eine Vorherrschaft des Sympathicus handelt.

5.1.15

24. März 1943

Beim Betrachten einer manischen oder auch manisch gefärbten katatonen Erregung erscheinen diese als ein Sturm von neurovegetativer Disfunktion. Bei den manischen Erregungen steht eine Überfunktion, wenn auch nicht des gesamten Sympathicus im Vordergrund, so doch eines wesentlichen Teiles davon. Die Augen glänzen, die Wangen sind oft gerötet, auch in der Ruhe, sofern man dabei von Ruhe überhaupt sprechen kann, der Puls ist erhöht und beträgt oft 80, ja 90 pro Minute. Für den erhöhten Energieverbrauch spricht die regelmäßige Körpergewichtsabnahme, welche auch bei genügender Nahrungszufuhr feststellbar ist. Bei katatonen Erregungen stehen vegetative Disfunktionen im Vordergrund, und zwar so stark, daß ich damals in der Friedmatt, gerade bei der Psychiatrie angelangt, stets die

Neigung zeigte, solche Zustände eben als endogene Vergiftungen mit ihren Auswirkungen aufzufassen. Ich konnte nicht verstehen, warum ältere Kollegen über diese Annahme lächelten und sie als übertrieben bezeichneten. Durch die seither gemachten Beobachtungen wurde diese Tendenz bei mir nicht schwächer, trotz oder vielleicht auch wegen der Würdigung der Rolle, welche dem Einfluß der sogenannten Psyche zuerkannt wird. Dieser oft so beschleunigte und doch weiche Puls, die veränderte, meist gelbliche oder graue Hautfarbe, Unregelmäßigkeit in der Funktion des Verdauungstraktes (Appetitlosigkeit oder Heißhunger, Verstopfung, oft belegte Zunge und übler Mundgeruch), Menstruationsstörungen, Salbengesicht, Auftreten des maskulinen Haarwuchses bei Frauen, Grobwerden der Gesichtszüge, um nur einige auffällige Symptome zu nennen, welche bei chronischen und akuten erregten Schizophrenen beobachtet werden können. In diesem Zusammenhang stellte sich stets die Frage nach Wieso und Warum? Daß ein inniger Zusammenhang zwischen dem psychischen Leben und vegetativen Funktionen besteht, war von Anfang an klar. Mit den Jahren bildete sich die Überzeugung heraus, daß es gar nicht möglich ist, eine Grenze zwischen dem psychischen Geschehen und den körperlichen Erscheinungen zu ziehen. Immer wieder mußte ich an die Worte denken, welche Bleuler am Anfang seines Kapitels über die Affektivität schrieb: zur Affektivität gehören Erscheinungen sowohl auf körperlichem Gebiet wie auf psychischem, die bald als Symptome, bald als Wirkungen derselben aufgefaßt werden. Die Affektivität beeinflußt die Mimik, das Gefäßystem, alle Absonderungen, die ganze Trophik des Körpers. Und jeder psychische Vorgang habe seine affektive Seite. Es wird somit festgestellt, daß sich der Körper an jedem Vorgang innerhalb des Seelenlebens sehr aktiv beteiligt.

Nach dem, was uns heute über die Anatomie des vegetativen Nervensystems bekannt ist, können wir nicht annehmen, daß es im Nervensystem Zentren gibt, welche zugleich die Vorgänge im animalischen und vegetativen Nervensystem als mehr oder weniger selbständige Stellen regulieren. Nach dem, was wir wissen, ist viel eher anzunehmen, daß das Seelenleben vom somatischen nicht scharf getrennt werden kann. Der Organismus ist in seiner Funktion so aufzufassen, daß die bestehenden Mechanismen funktionieren und dabei einander ständig, fortwährend beeinflussen, daß ferner, während sie funktionieren (man könnte diesem Funktionieren auch leben oder erleben sagen) in der Mneme stets diese Funktionen als Engramme festgehalten werden. Der Sitz der Mneme ist der gesamte Körper. Dabei aber kommt natürlich die Hauptrolle bei der Gestaltung der Funktionen auf dem Grund der vorhandenen Engramme den Nervenzentren zu. Es werden also in der Mneme nicht nur die von außen kommenden Sinneseindrücke ekphoriert, sondern auch die Erlebnisse innerhalb des Körpers. Soweit der Sinn der Semon'schen Grundsätze(1). Wir haben einen Arm in die Höhe gehoben, schon ist die Mneme um ein Engramm bereichert worden. Sie wird es mit jedem Herzschlag, mit jedem Vorgang in jedem Organ. Man wird im Verlaufe seines Wachstums, seiner Entwicklung, seines ganzen Lebens, immer wieder in die Lage versetzt, sich an die Außenwelt anpassen zu müssen und die Funktionen seines Organismus an die Bedingungen der Außenwelt und dann auch der Innenwelt anzupassen. Und dies ist stets möglich, bis zu einem gewissen Grad. So bildet sich jeder Organismus seine Art zu leben aus. Kommt es aber aus irgend einem Grund zu Störungen, welche eine Anpaßung nicht ermöglichen, sei es, daß dieser keine Zeit, sei es, daß dieser kein Raum gelassen wird, so bleiben die Störungen nicht aus. Es muß sich nicht in jedem Fall um einen Selbstmord handeln. Es kann auch zu anderen Reaktionen kommen. Und wenn der Körper keine zweckmäßigen Reaktionen aufbauen kann, kommt es dazu, daß die bereits früher erlebten Vorgänge, die aber in der Mneme festgehalten wurden, wieder eingeschaltet werden. Wenn wir an alles denken, was der Organismus seit seiner früheren Entwicklung erlebt hat und was infolgedessen in der Mneme ekphoriert wurde, so können wir dann, bei aufmerksamer Betrachtung unserer psychotischen Patienten, in jedem Fall feststellen, daß es sich bei den Krankheitserscheinungen stets um das Parekphorieren der hauptsächlich bis zum Abschluß der Pubertätszeit gesammelten Engramme handelt. Sind die schlaffen Katatonien, die mit geschlossenen Augen da liegen, nicht Kinder im Uterus ante partum? Und erinnern die Abwehrsperrungen, welche auftreten, wenn man versucht, auch mit sanfter Gewalt an sie heranzukommen, sie aus diesem Zustand aufzurütteln, nicht an die Reaktionen des Kindes während oder gerade nach der Geburt? Ist der Bewegungssturm eines erregten Katatonen, eines Hebephrenen nicht der Bewegungssturm des 1–2jährigen Kindes, multipliziert durch die inzwischen vermehrte Körpermasse und Kraft des Patienten? Sind die buntesten, wildesten, verrücktesten Ideen eines Paranoiden nicht die falschen, unlogischen Vorstellungen, welche das Kind sich schon früh von den Lebenserscheinungen zu machen beginnt, sowie die beginnende Entwicklung des logischen Denkens in den Kinderjahren? Das alles als die Art zu denken gemeint, und als Inhalt die während der späteren Jahre gesammelten Engramme. Und nun gesellen sich zu den vorwiegend psychischen Bildern die körperlichen Erscheinungen hinzu, welche hauptsächlich unter der Form der vegetativen Disfunktionen auftreten. Auch sie entsprechen den Erlebnissen des Körpers in der frühen und frühesten Kindheit, zum Teil vielleicht schon vor der Geburt. Doch erscheint es begreiflich, daß es bei einem Erwachsenen zu schweren Störungen führen muß, wenn nach so vielen Jahren sein Herz so schlagen sollte, wie in der Kindheit, wenn sein Gefäßtonus der nämliche werden soll wie vor Jahrzehnten, wenn sich seine Verdauung und sein Stoffwechsel nun plötzlich so verhalten sollen, wie es am Anfang seines Lebens war. Es ist anzunehmen, daß genau so, wie es ganz früh war, es gar nicht mehr werden kann. Doch schon der bloße Versuch des Organismus, dazu zu gelangen, muß zu schweren Störungen führen.

Diese Disfunktionen auf dem Gebiete des autonomen Nervensystems müssen also aufgefaßt werden als körperliche Begleiterscheinungen beim Versuch der Psyche, zu einem bestimmten Stadium während des Vorganges *Regression* zu gelangen. Während es der Psyche möglich ist, der Regression beliebig weit zu verfallen, ist es dem Körper darum unmöglich, weil er eben inzwischen in seiner Entwicklung allzu fortgeschritten ist. Ein Erwachsener kann in diesem (natürlich unterbewußten) Bestreben zwar manche Funktion seines Körpers ausschalten oder verändern. Es mag einzelne Fälle geben, in welchen es eine besondere Konstitution ermöglicht, dieses Bestreben weitgehend zu erfüllen; doch *ganz* zu erfüllen dürfte wohl in keinem Fall möglich werden.

Bei den Versuchen, diese Disfunktionen so anzugehen, wie ich es jetzt tue, bin ich mir von vorneherein darüber im klaren, daß es sich nur um ein eng begrenztes Kapitel handelt. Ich will nur die Erregung ausschalten, die psychomotorische Erregung, indem der Vagus gereizt, der Sympathicus gedämpft wird. Da in diesen Fällen diese körperlichen Erscheinungen an sich ja nur Begleiterscheinungen eines von der Psyche angestrebten Umsturzes sind, dürfte es nicht gelingen, den Patienten dadurch wieder zur Genesung zu bringen. Es mag in den einzelnen Fällen gelingen, durch die eingetretene Beruhigung eine sichtliche Besserung herbeizuführen. Aber die prinzipielle Frage, ob durch solche „Dressuren" auf dem Gebiete des autonomen Nervensystems der ganze Mensch, die ganze Psychose zur Heilung gelangen kann, muß bei dem früher geschilderten Standpunkt verneint werden. Nur dann, wenn es durch diese Maßnahmen gelingen könnte, den Weg für die Psychotherapie zu ebnen oder den etwa vorhandenen Selbstheilungstendenzen zum Durchbruch zu verhelfen, kann man sich von dieser an sich symptomatischen Therapie Besserung oder Heilung versprechen. Insulin-, Opium-, Decholin-, Hormonkuren usw. werden als Versuche aufgefaßt, das ganze Gebiet des vegetativen Nervensystems oder einen seiner Teile zu beeinflussen. Die Schocktherapie gehört ebenfalls in dieses Kapitel, wenn auch der Krampfanfall, infolge seiner Ähnlichkeit mit anderen Mechanismen, eine besondere Stellung einnimmt.

(1) Richard Semon, Zoologe. Geb. Berlin 22.8.1859, gest. München 27.12.1918, 1891–97 Professor in Jena. Stellte die Lehre von Mneme und Engramm auf und versuchte, durch sie die Vererbung erworbener Eigenschaften zu erklären. Daher der Begriff der mnestischen Psychologie.

5.1.16

30. März 1943

Es erheben sich verschiedene Fragen betreffend die Wirkungsweise des Aneurins auf das Nervengewebe. Die Untersuchungen v. Muralts erteilen keine erschöpfende Antwort darauf, sie gestatten nur, einige Vermutungen anzustellen. Bisher nimmt man die Beeinflussung des Stoffwechsels im peripheren Nerven durch Aneurin an, es soll die Brenztraubensäure zum Oxydieren bringen. Das erklärt aber noch lange nicht alles. Aneurin scheint anästhesierende Eigenschaften zu besitzen. Dafür sprechen die Ergebnisse der Versuche, dieses Präparat bei verschiedenen schmerzhaften Affektionen anzuwenden, z.B. Arthritiden oder Schmerzen bei Krebs. Ferner der Umstand, daß der nach der Injektion von Aneurin auftretende heftige Schmerz sehr bald nachläßt und ganz verschwindet, was jederzeit im Selbstversuch nachgeprüft werden kann.

Es ist unklar, ob das Wesen des Vorganges innerhalb des Nerven eben im Freiwerden von Acholin und An.(1) besteht. Es wäre ja möglich, daß das Freiwerden dieser Substanzen – vielleicht noch anderer, bisher nicht nachgewiesener Stoffe –, zur Erregung des Muskels führt. Unklar ist, ob auch beim zentripetalen Vorgang, also der Erregung innerhalb des sensiblen Nerven, sich dasselbe wiederholt. Und es ist ferner unklar, ob auch dasselbe bei der Erregung innerhalb der intrakortikalen Leitungen, überhaupt bei intrazerebralen Leitungen der Fall ist.

Sollte es zutreffen, so müßte die Erschöpfung des Nerven eben in der Erschöpfung der Bildungsfähigkeit dieser Substanzen bestehen. Da aber dieser Stoffwechselvorgang wohl kaum als der sich innerhalb des peripheren Nerven abspielende betrachtet werden könnte, sondern viel eher in die Nervenzelle selber hineinverlegt werden müßte, so hätte man dann eben den von mir gesuchten Vorgang vor sich: durch einen bestimmten Vorgang tritt die Erschöpfung ein, welche die Sistierung der psychomotorischen Erregung zur Folge hat.

Es ist sehr wahrscheinlich, daß dabei der Sympathicus fördernd, der Vagus aber hemmend auf den Ablauf dieser Erregung wirkt. Es erhebt sich die Frage, wo der Ausgangspunkt der Erregung zu suchen ist. Es kommen da einige Möglichkeiten in Frage. Es ist z.B. denkbar, daß in gewissen Fällen eine aus irgendeinem Grund bestehende oder eintretende Übererregbarkeit des Sympathicus als Erregungszustand in Erscheinung tritt. In diesen Fällen wäre vom Gynergen Erfolg zu erwarten. Oder es könnte angenommen werden, daß diese Erregung, unter Affektwirkung zustandegekommen, vom Gehirn aus dirigiert wird. In diesen Fällen ist nur insofern eine Wirkung seitens Gynergen zu erwarten, als im Rahmen der allgemeinen Erregung auch Sympathicus miterregt wird. Als erstes Ziel jedoch muß die Zentralstelle angesehen werden, in diesem Fall das Gehirn. Man hat die Wahl, Narkotika anzuwenden oder den von mir vorgeschlagenen Weg zu betreten. Die Nachteile der Narkotika sind bekannt. Sie sind nicht immer wirksam. Die Dauer der Wirksamkeit ist oft sehr kurz. Und sie sind alle toxisch, was jedoch Aneurin und, in mäßigen Dosen, Physostigmin oder Prostigmin und Acholin nicht nachgesagt werden kann.

Nimmt man an, daß die Fortpflanzungsgeschwindigkeit der Erregung im peripheren Nerven ebensoviel beträgt wie in der Gehirnsubstanz, daß sie ferner, was ja angenommen wird, stets konstant bleibt, so muß daraus gefolgert werden, das Gefühl der Manischen und Euphorischen, daß sie schneller und intensiver erleben und schneller denken, nicht durch den Faktor „Geschwindigkeit" erklärt werden kann, sondern andere Unterlagen haben muß. Es handelt sich da um Gefühle, die jedem von uns bekannt sind. Es hat schon jedermann das Erlebnis der fröhlichen Stunde als intensiv und sehr schnell empfunden, während die Erlebnisse während der gedrückten Stimmung als langsam, arm, eingeengt empfunden werden. Wenn man auch oft das Gefühl hat, schnell zu denken, so muß dieses Gefühl mit ziemlicher Sicherheit entweder auf die Anzahl sich am Denkvorgang beteiligender zellulärer Elemente des Gehirns zurückgeführt werden oder von der Intensität (qualitativ und quantitativ) des Stoffwechselvorganges in der Zelle selber. Am ehesten ist die Verbindung dieser Faktoren anzunehmen. Es ist unwahrscheinlich, daß die Empfindung des Erlebnisses auf eine Gruppe der Gehirnzellen beschränkt bleibt. Es ist anzunehmen, daß Erlebnisse als solche, von der ganzen Persönlichkeit empfunden werden, von sämtlichen Nerven und sämtlichen Zellen des Körpers, von der Psyche und auch der Psychoide (im Sinne Bleulers).

Wenn trotzdem unbestreitbar ist, daß die Bewegungen eines Manischen blitzschnell sein können, während ein Depressiver sich bisweilen kaum bewegen kann, obwohl also die Fortpflanzungsgeschwindigkeit stets die gleiche sein soll, so muß die Erklärung hierfür im Stoffwechsel der Zelle gesucht werden.

So ist eine anscheinend paradoxe Tatsache zu gewärtigen: Aneurin sollte nicht nur bei Erregungszuständen, sondern auch bei Depressionen wirksam sein.

(1) Aneurin (Vitamin B_1)? S. Dokument 5.1.13 über die Arbeit von Muralts.

5.2 „Sehnsucht nach der Erfüllung"
(9. April 1943 bis 13. April 1944)

Beginn mit DHE 45. Vgl. Briefe vom 26. März und 29. April 1943.

5.2.1

9. April 1943

Die Überschrift muß nicht unbedingt „Sehnsucht nach der Erfüllung" heißen. „Verlangen nach Befriedigung" ist wesentlich bescheidener und für viele Nichtpsychologen auch verständlicher. Namentlich dann, wenn es darum geht, diesen den im einzelnen so komplizierten und im Grunde doch so einfachen Mechanismus des Lebens zu erklären. In den meisten Fällen, d.h. bei den meisten Menschen ist diese Sehnsucht, dieses Verlangen bewußt. Doch sind sich die meisten völlig im Ungewissen darüber, welche Folgen das Ausbleiben der erwarteten Befriedigung haben kann, in manchem Fall haben muß. Meines Erachtens müssen nicht nur Krankheiten des Körpers und des Geistes, sondern auch Verbrechen darauf zurückgeführt werden. Alle sozialen und geistigen Probleme drehen sich um diese Tatsache, alle Gesundheit und Krankheit beruht darauf. Es muß sich dabei keineswegs um hochdifferenzierte Probleme handeln, diese stellen ja das Endglied in der Entwicklung des Trieblebens dar, als die Sublimierung der Triebe kommen Ideale und treten in den Vordergrund, dies bildet aber doch die Ausnahme.

Gewöhnlich handelt es sich darum, den Urtrieben Befriedigung zu verschaffen, Durst und Hunger zu stillen, den Fortpflanzungstrieb zu erfüllen, die Art zu erhalten, die Arbeit zu leisten, im Schlaf Entspannung zu finden; ist man primitiv genug oder sind die äußeren Lebensumstände so, daß man keinen anderen Ausweg hat, so verlebt man sein Leben auf diese Art, empfindet es als erfüllt und den Tod als willkommen. Ich glaube nicht, daß Verzicht auf die Befriedigung dieser weniger differenzierten Bedürfnisse stets auf den Druck von außen erfolgen muß. Die Geschichte der Asketen z.B. lehrt uns, daß mancher, der Gelegenheit hatte, alle diese primitiven Bedürfnisse zu stillen und von niemand und nichts daran gehindert wurde, doch schließlich keine Befriedigung dabei hatte, wobei ihm nicht einmal der Vorwurf gemacht werden kann, er hätte zu wenig harte Arbeit dabei geleistet. Der Geist ist nun einmal vorhanden, er stellt seine Anforderungen, diese können viel imperativer sein als alles, was man sich seitens primitiver Triebe denken kann. Man stelle sich nur vor, um bei einem alten und viel diskutierten Thema, nämlich der unglücklichen Liebe, zu bleiben, wie jemand sich das Ideal von einem Partner gebildet hat und dann auch meint, diesen Partner gefunden zu haben. Die Bindung ist entstanden und wird immer mehr ausgebaut. Ist dieses Stadium einmal erreicht worden, so kann man nicht mehr nur von der zu erwartenden Befriedigung sprechen. Denn Befriedigung ist bereits erreicht worden, vom weiteren Leben wird weitere Befriedigung erwartet, verbunden mit einer Steigerung des Lustgefühls. Im Grund wohl nur eine Chimäre, wenn dann das erwartete Erlebnis auch schon erlebt worden ist und, wie viele andere Erlebnisse, bereits der Vergangenheit angehört, wird man nach einiger Zeit feststellen müssen, daß es nur wenige Erlebnisse gibt, welche im Moment, da sie erlebt wurden, wirklich so intensiv erlebt wurden, daß sie so festgehalten sind in der Erinnerung. Das ändert aber nichts am Umstand, daß man doch solche Erlebnisse erwartet und vorbereitet.

Diese Erlebnisse spielen sich nicht nur in der Psyche ab, wie sich überhaupt nichts ausschließlich in der Psyche abspielt, sondern stets von Vorgängen im ganzen Körper, auf dem Weg über das vegetative Nervensystem, begleitet wird. Es sind Mechanismen vorhanden, welche vielleicht zum Teil, vielleicht in ihrer Gesamtheit angeboren sind, vielleicht im Verlaufe des Lebens gebildet werden. Der ungehinderte Ablauf dieser Mechanismen gehört zum Fortbestand der Gesundheit, macht vielleicht die ganze Gesundheit aus. Bei der Behinderung dieser Mechanismen entstehen Störungen, welche graduell verschieden sind und schließlich zum Tod führen können.

Vieles von den Geschehnissen, die auf den ersten Blick als unerklärlich erscheinen, lassen sich als Ersatzmechanismen denken, welche die gesuchte Befriedigung herbeiführen sollen. Ich zähle dazu sowohl die katatone Erregung wie auch die katatone Starre. Diese Zustände bleiben in der Mneme fixiert, als Spannungs- oder Entspannungszustände auf dem Gebiete des vegetativen Nervensystems u.a. Es wird als Erlebnis Spannung, Entladung, Entspannung erstrebt. Um das zu erreichen, stehen dem Organismus verschiedene Möglichkeiten zur Verfügung, deren Anzahl jedoch nicht groß zu sein scheint. Durch das Vorleben aber, wenn auch ursprüngliche Möglichkeiten bestanden haben sollten, wird gewöhnlich in den meisten Fällen nur eine Möglichkeit durch stetes Erlebnis fixiert, die weiteren Alternativen scheinen somit auf den ersten Blick ausgeschlossen. In der Regel ist es so, daß Zustandsänderungen in der Psychose, denn von solchen ist hier die Rede, nur sehr selten spontan innert kurzer Zeit auftreten, sondern, sofern sie überhaupt erfolgen, gewöhnlich längere Zeit beanspruchen. Kurz und lang bedeuten hier Zeiten, wie sie z.B. ein epileptischer Anfall nach Cardiazol- oder Elektroschock erfordert. Oft sieht man schon nach einem einzigen Anfall eine wesentliche Zustandsänderung. Und im Vergleich dazu die Dauer, welche von einer schizophrenen Erregung oder einem schizophrenen Stupor beansprucht wird. Bekanntlich können solche sehr lange, jahrelang dauern und überhaupt nicht vor dem Tode aufhören.

Hat man Gelegenheit gehabt, zahlreiche künstlich hervorgerufene wie spontan aufgetretene epileptische Anfälle zu beobachten, so drängt sich einem der Gedanke auf, daß, äußerlich wenigstens, bei der Betrachtung der dabei entstehenden motorischen Begleiterscheinungen eine Ähnlichkeit mit dem Coitus besteht. Vielleicht werden im Krampfanfall ebenso wie beim Coitus Mechanismen zum Ablauf gebracht, deren Wesen bisher noch verhüllt erscheint. Vielleicht machen diese das Wesen des damit einhergehenden Abreagierens aus. Und kann dieselbe Wirkung, welche in Psyche und Soma durch psychisches Abreagieren herbeigeführt wird, nicht auch durch gewisse Stoffwechselvorgänge veranlaßt werden, welche nicht so stürmisch verlaufen, deren Enderfolg aber auf dasselbe hinauskommt?

In diesem Sinne werden die Versuche mit Aneurin, Pro- und Physostigmin und Gynergen angestellt.

5.2.2

15. April 1943

Es ist bisher nicht bewiesen worden, daß zwischen einem Schizophrenen, der nachts in tiefem Schlaf da liegt, ohne vorher narkotisiert worden zu sein, und einem Normalen, der nachts, ebenfalls ohne Narkotika, tief schläft, ein Unterschied besteht. Es ist mir zwar nicht einmal bekannt, ob sich jemand schon mit dieser Fragestellung beschäftigt hat, nehme aber auf Grund bisheriger Arbeiten über Schlaf an, die eingangs geschilderte Annahme sei zutreffend. Damit will ich zum Ausdruck bringen, daß Schizophrenie, als funktionelle Störung aufgefaßt, von der sogenannten Gesundheit nicht so grundverschieden ist, wie dies auf den ersten Blick erscheinen könnte. Im Moment des tiefen Schlafes werden weder an den Gesunden noch an den Schizophrenen irgendwelche Anforderungen gestellt, welche eine gewisse Reaktion erheischen. Daher auch keine Notwendigkeit, sich zu einer Funktion zusammenzuraffen, welche ein Versagen offenbaren könnte oder sogar müßte. Um dieses Beispiel anführen zu können, müssen wir allerdings diejenigen Schizophrenien außer Betracht lassen, welche Schlafstörungen zeigen.

Auf den sogenannt ruhigen Abteilungen haben wir Gelegenheit, Schizophrene zu beobachten, welche sich im Rahmen der Anstalt absolut ruhig und geordnet verhalten, ihre Arbeiten, welche eventuell sehr kompliziert sind, richtig verrichten, welche aber, sobald mit gewissen Anforderungen an sie herangetreten wird, über kurz oder lang versagen. Sie versagen, weil ihre Gesamtpersönlichkeit nicht so aufgebaut wird, wie die Persönlichkeit derjenigen Normalen, welche eben imstande sind, diesen Anforderungen auf die als zweckmäßig geltende Art und Weise zu entsprechen. Die Schizophrenen reagieren eben auf solche Anforderungen mit besonderen Zuständen, doch was sie dabei produzieren, kann in den meisten Fällen auch bei Schwachsinnigen, ja sogar, unter bestimmten Umständen, auch bei Normalen beobachtet werden. Es handelt sich also offenbar um Mechanismen, welche wohl von den meisten Menschen gebildet werden können, weil sie anlagemäßig vorhanden sind. Sowohl das Lenken wie auch das Handeln spielen sich eben auf einem etwas anderen Gebiet ab. Dies kann besonders gut bei Erregungen aller Art beobachtet werden. Auch der sogenannt ganz Normale handelt während einer Erregung so, daß er, einige Zeit nachdem die gänzliche Beruhigung eingetreten ist, wenn er die Erlebnisse während der Erregung nicht verdrängt hat, sich fragen muß, wie er dazu kam, solches zu fühlen oder so zu handeln. Und die Art, das während einer Erregung Erlebte zu verarbeiten, ist auch für einen Normalen sehr bezeichnend.

Bei langdauernden schizophrenen Erregungen kann, besonders auf Grund der Versuche mit Physostigmin, Gynergen und Aneurin angenommen werden, daß ein dauerndes und sehr stark ausgesprochenes Übergewicht der Sympathicusinnervation besteht. Es kann noch nicht gesagt werden, ob diese Steigerung auf dem gesamten Innervationsgebiet des Sympathicus zu sehen ist. Aber selbst wenn die Untersuchung ergeben sollte, daß z.B. Blutzucker oder Blutdruck nicht, wie zu erwarten wäre, erhöht, sondern normal oder sogar niedrig sind, würde es gar nicht beweisen, daß gerade auf jenem Gebiet ein Übergewicht des Sympathicus besteht, welches hier allein betrachtet wird, nämlich auf dem Gebiete der Erregung, der psychomotorischen Erregung. Ich beschränkte mich bisher in den meisten Fällen darauf, die Pulszahl zu bestimmen. Ohne eine einzige Ausnahme war bisher die Pulszahl der erregten Schizophrenen erhöht, schon bei geringer Erregung betrug sie, selbst bei Bettruhe, 80–100, um sehr schnell diese Zahlen zu überschreiten, Zahlen von 120 sind durchaus keine Seltenheit. Es ist interessant, beim Eintreten der Beruhigung sofort viel niedrigere Zahlen festzustellen. Doch selbst das Nichtbestehen dieser Beobachtung würde nicht beweisen, daß die psychomotorische Erregung nicht durch ein Übergewicht des Sympathicus bedingt wird. Denn der Organismus besitzt eine ganze Reihe von Möglichkeiten, gewisse Disfunktionen zu korrigieren und zu kompensieren.

Es ist für mich offenkundig, daß die schizophrene Erregung nicht ein Gebilde sui generis ist, etwa mit einem Neoplasma wie ein Carcinom vergleichbar, sondern eine stark gesteigerte, doch schon normalerweise vorhandene Funktion. Es ist möglich, daß auch andere, bei Schizophrenen vorkommende Störungen wie z.B. Wahnideen oder Halluzinationen oder Autismus auch nichts anderes sind als abnormes Abweichen von bestimmten physiologischen Funktionen. In diesem Falle bestünde aber die Möglichkeit, diese ebenso therapeutisch anzugehen, wie dies bei Erregungen der Fall ist.

5.2.3

11. Mai 1943

Es darf angenommen werden, daß Organen mit dem nämlichen anatomischen bzw. histologischen Bau auch die nämliche Funktion zukommt. Die quergestreiften Muskeln produzieren einen bestimmten Tonus. Die Speicheldrüsen bilden Speichel. Die Zellen der Schilddrüse produzieren ihre Hormone. Diese Beispiele ließen sich mühelos vermehren. Nun, Nervenzellen, welche sich histologisch gleichen, haben auch die nämlichen Funktionen, so lautet die Annahme. Es kommt natürlich darauf an, wohin die aus den Nervenzellen stammenden Fasern führen. Eine Nervenzelle mag genau denselben Bau haben. Ihre Fasern können zu einem Muskel, zu einer Drüse, zu einer anderen Nervenzelle führen, und je nachdem sind auch die Folgen dieser Funktion.

Man stelle sich nun vor, daß dieselben Nervenzellen, aus welchen vorwiegend der Vaguskern gebaut ist, auch in nicht geringer Zahl sich in einer der Schichten der Hirnrinde finden. Man stelle sich nun weiter vor, daß diese Zellen ihre Fortsetzungen nicht zu den außerhalb des Gehirnes gelegenen Organen entsenden, sondern zu anderen Gehirnzellen, sei es in den übrigen Schichten der Hirnrinde, sei es in den anderen Hirnpartien. Ist es nun denkbar, daß gewisse, im Körper gebildete Hormone oder Toxien oder von außen zugeführte Substanzen, deren Wirkung durch Feststellung der Verlangsamung des Herzschlages beobachtet werden kann, nun ausschließlich auf den Vaguskern wirken, ohne zugleich auch andere Nervenzellen zu beeinflussen, welche, histologisch gesehen, dieselben wie die Zellen aus dem Vaguskern sind? Es muß angenommen werden, daß auch diese, außerhalb des Vaguskernes gelegenen, doch ebenso gebauten Zellen, ebenfalls beeinflußt werden, wenn auch über die Folgen dieser Beeinflussung zur Zeit noch keine Auskunft erteilt, sondern nur Vermutungen geäußert werden können. Einstweilen können wir nur vermuten, worin die Wirkung dieser Zellen besteht, die nur andere Nervenzellen zu innervieren scheinen. Doch wenn man versucht, die Frage der Funktion der Hirnrinde von dieser Seite anzugehen, so fehlt es doch nicht an verschiedenen Hinweisen, ich meine damit die beim Mißbrauch der Rausch- und Genußmittel gemachten Beobachtungen auf dem psychischen Gebiet. Man könnte vielleicht von verschiedenen Systemen im Zentralnervensystem sprechen, indem man alle Pyramidenzellen zu einem System zugehörig betrachten würde, ebenso von einem System der Prkinje (1)-Zellen sprechen würde usw. Es ist mir ja nicht bekannt, was man über die Histologie einzelner Nervenzentren weiß. Aber selbst wenn es sich zeigen sollte, daß es Analogien in der Struktur der Vagus- und Sympathicuszentren gibt, so würde dies meine Annahme nicht umstoßen, da man heute schon viel über die Affinität zu Adrenalin bzw. Acetylcholin weiß, in einem solchen Falle also wäre die Gleichheit in histologischer Hinsicht noch nicht mit einer Gleichheit in funktioneller Hinsicht bedeutend.

Der Schlüssel liegt aber einstweilen in den Beobachtungen der Wirkungen verschiedener Alkaloide auf das Zentralnervensystem. Man weiß heute, welche vegetative Zentren von diesen mit Vorliebe beeinflußt werden. Sollte man nun die Struktur dieser Zentren kennen, so wäre es möglich, Rückschlüsse auf die Funktion bestimmter Schichten und bestimmter Partien der Hirnrinde zu ziehen.

(1) ?, unleserlich.

5.2.4

11. Mai 1943

Das Problem der Identifikation kann auch vom Standpunkt einer mnestisch(1) aufgefaßten Psychologie aus betrachtet werden. Es erscheint, von diesem Standpunkt aus besehen, in einem ganz besonderen Lichte. Gewisse Engramme, das als erstrebenswert empfundene Ideal betreffend, müssen vorhanden sein. Sie dürften vorwiegend auf dem gefühlsmäßigen Gebiet liegen und daher in denjenigen Zentren des Zentralnervensystems zu suchen sein, welche mit dem Empfinden verknüpft sind, also Thalamus und die sensorischen Gebiete der Hirnrinde. Ein Imago wird gebildet im Verlaufe des Strebens, man sucht, das zu erreichen, was man werden möchte. Daß Strebungen aber eine der wichtigsten Komponenten der Persönlichkeit sind, wird heute wohl kaum mehr bestritten. Diese Engramme werden immer mehr in die Tätigkeit des Zentralnervensystems einbezogen, und zwar um so mehr, je weiter der Identifizierungsprozeß fortschreitet.

Es ist ja klar, daß so ein Imago sich nicht nur aus den Engrammen zusammensetzt, die das erstrebte Ideal selber betreffen, sondern daß sich die schon vorher bestandenen Engramme daran beteiligen, wenn auch nicht insgesamt.

Wenn man nun bedenkt, daß alle Formen vom Paranoid, alles, was zwischen der Paranoia einerseits und den katathymen Bildungen andererseits liegt, in das Gebiet der Identifizierung gehören, erlaubt diese Annahme einen tieferen Einblick in das Zustandekommen und die Struktur dieser Gebilde. Das Denken und das Handeln werden in diesen Fällen also von bestimmten Engrammen bedingt, während bestimmte andere Engramme ausgeschaltet bleiben, während einer kürzeren oder längeren Zeit.

(1) S. o. Dokument 5.1.15, Anmerkung 1.

5.2.5.1

14. Juni 1943
(Handschrift)

Aus den Ergebnissen der Versuche mit Gynergen bzw. DHE und Physostigmin ergeben sich ebensoviele Unklarheiten wie positive Resultate. Nachdem weder DHE noch Physostigmin allein imstande sind, bei Erregungen so stark zu wirken, wie es in vielen Fällen bei der Kombination dieser Präparate der Fall ist, mußte dann doch festgestellt werden, daß es Fälle gibt, z.B. die beiden Patienten N.N., wo die gleichzeitige Verabreichung der Präparate selbst in hohen Dosen nicht die erwartete Beruhigung brachte. Genau gesprochen: Die Wirkung ist unverkennbar, doch ist sie nicht so, wie man sie haben möchte. Die Leute sind zwar ruhiger, viel ruhiger, als sie bei der Verabreichung selbst großer Dosen Narkotika waren. Doch sind sie gleichzeitig verwirrt und nicht ausgeglichen. Man hat den Eindruck, dank DHE und Physostigmin würden die Erfolgsorgane betroffen. Aber die Grundursache scheint bestehen zu bleiben.

Es erheben sich in diesem Zusammenhang verschiedene Fragen, auf welche in der Literatur keine Antwort zu finden ist. Welches sind die Beziehungen zwischen dem Sympathicus und dem Vagus? Was sind die übergeordneten Instanzen, wo lokalisieren sich diese? Wie lassen sich die Ergebnisse v. Muralts betreffend die beiden Aktionssubstanzen mit den Annahmen Dales(1) betreffend adrenergische und cholinergische Nerven in Übereinstimmung bringen?

Die Patienten N.N. sind zweifellos zirkulär. Die Ablösung der Phasen scheint bei beiden rein endogen zu sein. Es muß angenommen werden, daß die abnorme Amplitude sich bei beiden besonders in bezug auf die Intensität von der Grundlinie entfernt. Schon das Zustandekommen dieser Intensität ist wohl die eigentliche Wurzel, die Ätiologie dieser Zustände. Unter sogenannt normalen Umständen werden dieselben Erlebnisse, welchen beide unterworfen waren und sind, ganz anders erledigt, abreagiert. Es kommt ja schon zu Stürmen, aber nicht zu solch intensiven. Die gestauten Affekte können auf verschiedene Arten abreagiert werden. Was ist aber diese Affektstauung im Sinne der Physiologie der Ganglienzellen, eventuell auch gewisser Inkrete? Man kann nur mit Gewißheit behaupten, daß in diesem Fall gewisse Zellen, wohl im Thalamusgebiet, nicht so zur Funktion gelangen, daß gesagt werden könnte, sie hätten ihre Funktion erfüllt. Aber in diesem Fall müßte die Therapie doch eigentlich schon im Stadium vor der Erregung einsetzen.

(1) Dale, Henry H.: Some recent extensions of chemical transmission. In: Cold Spring Harbor Symposia on Quantitative Biology 4 (1936), 143–149.
Ders.: Transmission of nervous effects by acetylcholine. In: Bulletin of the New York Academy of Medecine 13, 379–395.

5.2.5.2

15. Juni 1943
(Handschrift)
Die psychomotorischen Lebensäußerungen – vielleicht überhaupt sämtliche Lebensäußerungen – lassen den Einfluß von drei Faktoren als besonders wichtig erscheinen: Den Einfluß des Bewußtseins, des extrapyramidalen Systems und des vegetativen Nervensystems. Der dritte Faktor reguliert die Intensität, indem das Zusammenspielen von Vagus und Sympathicus zahlreiche Variationen ermöglicht.

5.2.6

27. Juni 1943
Bei der Betrachtung der einzelnen Patienten im Lichte der Wirkung von DHE kombiniert mit Physostigmin zeigt es sich, daß eine Wirkung unverkennbar ist, nämlich die Dämpfung der Erregung. Diese Abnahme der Erregung kann ausgesprochen deutlich sein und auch einige Zeit anhalten, in einzelnen Fällen den ganzen Tag. In anderen Fällen ist die Wirkungsdauer wesentlich kürzer und kann nur wenige Stunden betragen, fehlt aber nie ganz bei geeigneter Dosierung. Es beweist, daß das Ausführungsorgan beim Ablauf der Erregung das autonome Nervensystem ist. Dessen Wirkungsbereich schließt auch das Zentralnervensystem in sich ein. Es erhebt sich die nächste Frage: Was ist der Motor dieser Erregung? Von wo aus wird die Erregung bei Psychosen ausgelöst? Besteht ein prinzipieller Unterschied zwischen der Erregung bei Normalen und bei Psychotischen in dem Sinn, als bei Psychotischen die Erregung an einem anderen Ort entsteht? Handelt es sich dabei nur um einen graduellen Unterschied, indem der Mechanismus des Zustandekommens der Erregung in beiden Fällen derselbe bleibt, der Unterschied wäre nur in der verschieden gearteten Entwicklung der Hemmapparate oder in abnorm hoher Entwicklung der Erregungsleitungen zu suchen?

Die Aufregung, die bei einem Normalen so oft beobachtet werden kann, ist jedem aus eigener Erfahrung bekannt, sie gehört zu den Selbstverständlichkeiten und, wie so manche Selbstverständlichkeit im Leben, ist eigentlich auch diese bisher kaum erforscht worden. Zweifellos ist die Aufregung bei Normalen stets reaktiv, das ist ihr wesentliches Merkmal und vielleicht ihre einzige Konstante. Es ist unverkennbar, daß ein und derselbe Mensch auf einen und denselben Anlaß ganz verschieden reagieren kann. Man ist nicht immer und jederzeit imstande, sich beim nämlichen Anlaß ebenso zu freuen oder zu ärgern wie man es vor einem halben Jahr oder gestern noch getan hat. Zweifellos ist die Grundstimmung des Normalen keine gerade, sondern eine wellenförmige Linie. Je nach der Grundstimmung fällt auch die Reaktion auf gewisse Ereignisse oder Erlebnisse aus. Es handelt sich aber bei diesen Überlegungen weniger darum, sondern vielmehr um die Frage nach dem Entstehungsort und dem Verlauf der Erregung. Und da muß man zunächst feststellen, daß man sich wegen der Dinge, die einen kalt lassen, nicht aufregt. Und was einem gleichgültig ist, läßt kalt. Es gibt freilich Dinge, die einem nicht gleichgültig sein können und dürfen, die aber nicht als solche erkannt werden, aus irgendeinem Grund. Man ist affektiv zu wenig daran beteiligt. Wegen solcher Dinge regt man sich eben nicht auf, wenngleich man allen Grund zur Aufregung hätte. Solche erscheinen für unsere Betrachtungen als zu wenig übersichtlich und sollen deshalb einstweilen außer Betracht gelassen werden.

Aber was ist eigentlich Erregung? Es ist eine Reaktion auf einen Reiz. Je nach der Grundstimmung, in welcher man vom Reiz getroffen wird, fällt auch die Erregung aus. Ist man guter Laune und wird man geärgert, so kommt es zu einer anderen Reaktion, als wenn derselbe Anlaß bei schon vorbestehender schlechter Laune und Gereiztheit eintreffen würde. Wenn ich sage, zu einer anderen Reaktion, so meine ich nicht die Äußerung, welche für die Außenwelt sichtbar wird, sondern das Erlebnis als solches, welches vom Betroffenen allein erlebt wird.

Man stelle sich nur vor, ein Mensch, bekannt als exakt und genau, ja pedantisch, streng auf eine bestimmte Ordnung in dem ihm anvertrauten Betrieb bedacht, wird informiert, in einem bestimmten Gebiet bestehe eine große Unordnung, seine Weisungen werden nicht durchgeführt, man handelt gegen seine Verordnungen. Der Charakter dieses Menschen, seine Art zu reagieren, wird als bekannt vorausgesetzt. Und man hat keine Mühe, seine Reaktion vorauszusagen, namentlich wenn man weiß, daß er, im Moment, da die Nachricht eintrifft, in gereizter Stimmung ist. Es kommt zu einer Entladung, welche bereits in das Gebiet der psychomotorischen Erregung fällt. Es läßt sich ein lauter Ton vernehmen, man bleibt nicht mehr ruhig auf seinem Sitz, man macht einige heftige Bewegungen, kurz, es kommt zu einer ausgesprochenen Entladung. Was ist denn in diesem Menschen geschehen? Seine Vorstellungen betr. einen Teil seiner Persönlichkeit sind angegriffen worden, es ist ein Attentat auf seine Person geschehen, er wehrt sich eben dagegen, zugleich aber wird das in ihm entstandene Unlustgefühl abreagiert. Er identifiziert sich doch mit dem Betrieb, der zum Teil sein eigenes Werk ist, auf Grund seiner Ansichten und Erfahrungen aufgebaut und organisiert. Kommt die Störung aus dem Betrieb selber, liegt sie also im Bereich seiner Macht und kann sie von ihm behoben werden, so ist die Reaktion nicht nur das Abreagieren der Unlust, sondern zugleich eine zweckdienliche Handlung und Ausschaltung der Störung. Kommt aber die Störung von außen, von einer Behörde z.B., welche seiner Kompetenz entzogen ist, so bedeutet die deswegen meist nicht minder heftige Reaktion zunächst doch nur das Abreagieren der Unlust. Mag sein, daß der Betreffende dadurch für später sich selber Zündung und Energie verschafft. Im Moment aber kommt es weniger darauf an.

Am Aufbau dieser Reaktion beteiligt sich die gesamte Persönlichkeit. Sowohl das Gedächtnis, das intellektuelle wie das affektive, wie auch das autonome Nervensystem beteiligen sich daran. Es beteiligen sich aber auch die Hemmfunktionen daran, diese verhindern in den meisten Fällen, daß die Reaktion maßlos ausfällt und daher inadäquat wirkt. Doch oft kann beobachtet werden, daß Anlässe, welche dem abseits Stehenden als nichtig erscheinen, Reaktionen hervorrufen können, die als inadäquat anmuten. Man muß sich in solchen Augenblicken sagen, daß nun Komplexe getroffen wurden, so daß die sonst vorhandenen Hemmfunktionen nicht zur Auswirkung kommen, wie man es eigentlich erwartet hätte.

5.2.7

27. August 1943

Die Frage nach der Schizophrenie ist zugleich die Frage nach den Stoffwechselvorgängen im Zentralnervensystem. Aus den Ergebnissen der Versuche mit Aneurin, Physostigmin, Gynergen und Atropin ist ersichtlich, daß es dank der Beeinflussung durch diese Mittel, deren Wirkung bisher vor allem durch die Angriffe auf das vegetative Nervensystem erklärt wurde, möglich ist, in den Ablauf der schizophrenen, vielleicht jeder Erregung, wenn auch nur symptomatisch, so doch einzugreifen. Es zeigt sich, daß es möglich ist, durch Beeinflussung verschiedener, doch keineswegs vielartiger Mechanismen, die Äußerung des Lebens (denn die psychomotorische Erregung in der Psychose ist eine der imposantesten Lebensäußerungen) entscheidend und sehr schnell zu beeinflussen. Nach dem, was wir bisher wissen, muß angenommen werden, daß es sich dabei um die Folgen der Einwirkung auf adren- und cholinergische Nerven handelt. Es handelt sich um Verstärkung oder Abschwächung (je nachdem, ob Physostigmin oder Atropin) des cholinergischen Systems. Und, insofern die Gynergen- bzw. DHE-45-Wirkung mit absoluter Sicherheit als antisympathisch bzw. als gegen die Förderfasern des Sympathicus gerichtet angenommen werden kann, handelt es sich auf alle Fälle um eine unbedingt notwendige Hemmung des adrenergischen Systems, will man sichere Wirkung erzielen.

Eine Frage mit Hauptbedeutung für den weiteren Ausblick ist die, wo die Wirkungsstellen sind, die Frage nach der Lokalisation. Will man mit der Zentrenlehre operieren und annehmen, es handle sich nur um die Wirkung auf die vegetativen Zentren und Endungen im Gehirn und auch anderswo, so gelingt es wohl kaum, die beobachteten Tatsachen zu erklären. Die Wirkung der Mittel müßte nachhaltiger sein, wenn dem so wäre.

Bei der praktischen Beurteilung dieser Frage scheint es jedoch gar nicht so darauf anzukommen. Was beeinflußt werden muß, das sind ja nicht einfach irgendwelche, zum Teil nur hypothetische Zentren, sondern beeinflußt werden müssen die Stoffwechselvorgänge. Es handelt sich ja nicht darum, irgendwo einen Knochen oder Muskel zu entfernen, sondern einen Stoffwechselvorgang auszuschalten, zu verhindern oder abzuschwächen oder auch zu verstärken. Ob dies dann in einem Zentrum, in mehreren Zentren oder im Gesamtnervensystem, ob nur in den Nervenzellen oder nur in den Nervenenden, ob überhaupt in den Nerven und nicht in erster Linie in den Blutgefäßen oder gar an anderen Orten geschieht, das alles muß uns als irrelevant erscheinen. Es kommt einzig und allein auf die Beeinflussung der Stoffwechselvorgänge an, von denen wir annehmen, daß sie sich vorwiegend im Nervensystem abspielen. Und nun scheint die Frage nach dem Mechanismus der cholin- bzw. adrenergischen Nerven in großen Zügen geklärt zu sein. Eine neue Frage erhebt sich, diese lautet, woher bekommen diese Gebiete, die in erster Linie als Erfolgsorgane, als ausführende Instanzen erscheinen, ihre Impulse? Wie können diese Impulse modifiziert werden? Wie können diese Impulse weitgehend ausgeschaltet werden, und ist das überhaupt möglich, ohne daß der Tod eintreten würde? Es muß immerhin festgehalten werden, daß es nicht absolut sicher ist, daß jene Instanzen lediglich als ausführende Instanzen, als Erfolgsorgane zu gelten haben. Oder, will man doch bei dieser Betrachtungsweise bleiben, so müssen diesen Organen weitgehende Kompetenzen zugeschrieben werden. Wenn man nämlich gesehen hat, wie nach großen Dosen Gynergen und Physostigmin die vorherige heftige Erregung in eine nicht minder heftige, wenn auch nur kurzdauernde Depression umschlägt; oder, wenn nach Gynergen plus Atropin kurze Zeit nach der Verabreichung die Erregung weicht, um einem oft tiefen und langen Schlaf Platz zu machen, dann hat man zuerst nicht den Eindruck, daß es sich bei den beeinflußten Systemen nur um ausführende Instanzen handelt, sondern man habe den Nagel doch auf den Kopf getroffen, wenn auch zu tief eingeschlagen. Wenn sich dann aber bei vielen Patienten nachher wieder das Zustandsbild der heftigen Erregung einstellt, so muß man sich keineswegs sagen, die Lähmung der ausführenden Instanz sei nun vergangen, die von anderswo erhaltenen Impulse gelangen nun wieder zur Geltung, es komme also in erster Linie nicht auf die ausführende Instanz an, sondern auf den Motor, wenn uns auch sein Sitz, ja seine Beschaffenheit unbekannt bleiben, wenn man sich auch fragen muß, ist der Motor eine Stelle im Nervensystem oder ist es ein Stoffwechselvorgang. Das alles erscheint einem nur als erste Vermutung, muß aber keineswegs der Wirklichkeit entsprechen. Es könnte doch auch sein, daß durch die Einwirkung dieser Medikamente ein Vorgang innerhalb eines Systems, welchem eine bestimmte Art von Funktionen zukommt, unterbrochen wurde. Daß später, nachdem die Wirkungsdauer der Medikamente abgelaufen ist, derselbe Vorgang innerhalb dieses Systems wieder ablaufen kann. Und weiterhin drängt sich die Frage auf, ob nicht dieser Stoffwechselvorgang an sich überhaupt das Wesen und den Kern der Psychose darstellt. Ob es sich dabei nicht um eine Stoffwechselstörung handelt, eine und dieselbe überall, die sich aber verschieden äußert, je nachdem, welcher Teil des Zentralnervensystems am meisten befallen wird. So etwa, daß beim Befallenwerden der vegetativen Zentren im Vordergrund die bei Katatonie etwa zu beobachtenden vegetativen Störungen und außerdem Erregungszustände auftreten (wie etwa nach Koffein- oder Nikotinvergiftungen). Daß es zur Bildung von Wahnideen kommt, wenn andere Partien befallen werden. Denken wir an akute progressive Paralyse, an jene Zustände, welche sich vor allem durch sehr intensiven Verlauf auszeichnen, wobei sowohl Halluzinationen, wie Wahnideen, Personenverkennungen, sehr heftige Erregungszustände usw. auftreten. Es fragt sich aber in diesem Zusammenhang, ob die Grundlage verschiedener Zustände nun wirklich ein Stoffwechselvorgang ist, oder ob nicht, zum Teil wenigstens, der Ausfall eines normal vorhandenen Vorganges. Gewisse psychotische Zustände wären dann entweder die Folge des Ausfalls, oder, da in den meisten Fällen ein Ausfall doch eine veränderte Situation im Stoffwechsel zur Folge hat, letzten Endes ein Ergebnis der in einem bestimmten Sinne veränderten Situation im Gebiet des Stoffwechsels des Zentralnervensystems. Dies zur Pathogenese. Pathoplastisch dürfte den konstitutionellen Momenten die Hauptrolle zukommen, die ererbte Art auf bestimmte Schäden eine bestimmte Reaktion zu bilden.

Ich muß bei dieser Gelegenheit an diejenigen Zustandsbilder denken, welche ich bei Basedowikern beobachten konnte. Die beim Patienten N.N. beobachtete manische Erregung, sehr schizophren gefärbt, auf der anderen Seite Melancholia agitata, nicht sehr ausgesprochen, doch mit Palpitationen, Ängstlichkeit, Depression (bei Frl. N.N.), das sind zwei grundverschiedene Bilder bei Basedow. Oder gewisse Ausbrüche bei Postenzephalitikern, die nicht von ähnlichen Ausbrüchen bei Schizophrenen getrennt werden könnten. Freilich, der ganze Charakter, der ganze Verlauf ist ja in beiden Fällen ein ganz anderer, doch ist jetzt nicht davon, sondern von einzelnen Ereignissen die Rede. Man denke auch an gewisse Fälle von Alkoholhalluzinosen, von arteriellen Erkrankungen, welche so viele Züge aufweisen können, welche der Schizophrenie gleichen, daß es mitunter schwer, ja nicht möglich ist, eine Differentialdiagnose mit Sicherheit zu stellen.

Also, ob ein neuer Stoffwechselvorgang, ob die Folge eines Ausfalls, ob die Folge eines veränderten Stoffwechsels, so müssen alle diese Zustände aufgefaßt werden. Es ist aber noch eine große Frage, ob im Zentralnervensystem die Stoffwechselvorgänge sehr viele Möglichkeiten haben, ob nicht viel eher angenommen werden muß, es bestehe keine allzu große Vielfalt und Anzahl der Stoffwechselvorgänge im Zentralnervensystem und daß trotzdem schon sehr geringe Variationen dieser Stoffwechselvorgänge sehr große Änderungen der Zustandsbilder hervorrufen können – kleine Ursachen, große Wirkungen.

Mir scheint, die Vorgänge im Zentralnervensystem müssen sich durch besondere Stabilität auszeichnen. Die meisten Menschen sind in ihrem psychischen Verhalten sehr zähe. Der Drang nach Leben, nach Befriedigung verschiedener Instinkte (um nur einiges zu nennen) ist ja außerordentlich stark. Ich will freilich nicht behaupten, daß das Zentralnervensystem der Alleinträger dieser Dinge ist, keineswegs. Es ist aber doch unverkennbar, daß dem Zentralnervensystem dabei die führende Rolle zukommt. Durch verschiedene heftige Erlebnisse wie Freude, Trauer, Enttäuschung usw. wird man freilich aus dem Geleise geworfen, doch in den meisten Fällen kommt man wieder ins Geleise zurück, wenn auch bisweilen gewisse Veränderungen des Erlebens und Verhaltens unverkennbar sind. Doch auch leichtere Vergiftungen, seltene Alkohol- und Nikotinvergiftungen, vermögen das psychische Leben nicht oder in den wenigsten Fällen dauernd zu beeinflussen. Bei den Psychosen, die sich durch sehr heftige Erscheinungen kennzeichnen, konnten bisher eine Reihe von Symptomen erhoben werden, aber die ihnen zugrundeliegende Stoffwechselstörung bleibt bisher ungeklärt. Entweder fehlt es an den entsprechenden Untersuchungsmethoden, oder, was wahrscheinlicher erscheint, diese Störung ist nicht so augenfällig und nicht so groß an und für sich, daß sie, trotz ihren großen Auswirkungen, erkannt werden konnte.

Nimmt man an, daß es dieselbe Störung ist, welche auf dem Gebiet des vegetativen Systems zu Erregungen führt, auf den anderen Gebieten des Nervensystems aber zu bekannten psychischen Erscheinungen, so muß auch der Weg herausgekriegt werden, diese Störung durch Behandlung mit Pharmaka zu treffen.

Nachdem man weiß, was man beeinflussen will, müssen entsprechende Pharmaka gewählt werden. Mit der Erregung klappte die Sache einigermaßen, weil das richtige Gebiet offenbar durch richtige Pharmaka beeinflußt worden ist.

5.2.8

30. August 1943
(Handschrift)

Zur Pathogenese der Schizophrenie. Schizophrenie soll aufgefaßt werden als Folge des Nichtfunktionierens oder mangelhaften Funktionierens verschiedener Mechanismen, von seelischkörperlichen oder auch rein körperlichen Mechanismen. Schizophrenie wäre demnach zu verstehen entweder als Defektzustand infolge eines Ausfalls oder als ein Versuch seitens des Organismus, diesen Defekt zu korrigieren, oder – wohl in den meisten Fällen – beides zugleich. Die Art der schizophrenen Reaktion, des entstandenen Zustandsbildes, ist bedingt durch konstitutionelle Faktoren (zum Teil ererbte), dann aber durch die im Organismus momentan bestehenden Konstellationen des gerade vorhandenen Zusammenspieles der Kräfte, der Mechanismen, der Funktionen.

Der Ablauf der Schizophrenie hängt davon ab, inwiefern der eventuell durch den Organismus vorgenommene Versuch, den Defekt zu korrigieren, zum Erfolg führt.

Die Wurzel der Psychose, die Grundursache, ist auf dem Gebiete der Triebökonomie zu suchen. Dann aber, bei sogenannt symptomatischen Schizophrenien, auf dem Gebiete der rein körperlichen Mechanismen, z.B. Psychosen beim Basedow.

Die Betätigung des Sexualtriebes ist ja auch so denkbar, daß die erstrebte Befriedigung ausbleibt. Das kann zur Schizophrenie führen.

Es soll gar nicht behauptet werden, daß dem Sexualtrieb die Kardinalbedeutung zukommt. Diese soll vielmehr dem Empfinden der Befriedigung zugemessen werden. Wie sie erreicht werden soll, mag als irrelevant erscheinen. Das Zustandekommen der Befriedigung (es geht mit dem Zustandekommen des Gefühls der Beruhigung einher) ist eng verbunden mit dem Zusammenspiel Vagus-Sympathicus, ja, es macht sein Wesen aus. Es kann sehr stürmisch verlaufen. Siehe Coitus. Siehe – experimentell – Cardiazol- oder Elektroschock. Siehe auch epileptischer Anfall.

5.2.9

5. September 1943
(Handschrift)
Immer wieder dieselbe Frage nach dem Ursprung des seelischen Geschehens und seiner Organisation. Kein Wunder, daß sie sich täglich aufs Neue stellt, angesichts der Unklarheit des Wesens der Psychosen. Warum kommt es denn überhaupt zur Schizophrenie, und warum bleibt es dabei? Was ist das überhaupt? Was ist denn am Anfang gewesen, ganz am Anfang, was bildet die Wurzel der psychischen Organisation des Lebens, des Sterbens – und der Psychose?

Am Anfang war der Trieb. Es ist irrelevant, ob man dem Ding diesen Namen gibt oder ob man von Geist spricht, der sich als Werkzeug den Leib geschaffen hat. Unter „Trieb" fällt in diesem Sinne der undifferenzierte Lebenstrieb, den das Kind mit auf die Welt bringt. In erster Linie also der Lebenstrieb, eine Quelle aller späteren Entwicklung der übrigen Triebe, des Gefühlslebens. In diesem Zusammenhang betrachtet, erscheint die Intelligenz lediglich als nur eine Seite der Persönlichkeit, die eine bestimmte Aufgabe hat: nämlich den Triebregungen auf eine zweckmäßige Art zur Befriedigung zu verhelfen.

Auf den ersten Anhieb ist man versucht, den Sitz dieses Trieblebens in erster Linie in den phylogenetisch älteren Teilen zu suchen, Stammganglien, Mittel- und Zwischenhirn, Thalamus. Dann aber entstehen Bedenken. In der Tat, wenn Schizophrenie eine Erkrankung dieses Trieblebens ist, warum läßt sie sich nicht bei Lebewesen beobachten, welche diese Organe besitzen? Und andererseits auch nicht bei solchen Tieren, welche auch phylogenetisch jüngere Organe besitzen? Das Fehlen eines anatomischen Befundes bei Schizophrenie scheint darauf hinzuweisen, daß die Störung wohl kaum im Zustandekommen des Triebes und seiner Abkömmlinge zu suchen ist, sondern viel eher im Ablauf derselben.

5.2.10

6. Oktober 1943
(Handschrift)

Es ist eine merkwürdige Tatsache, wie sich der Zustand von Frau N.N. nach wenigen (zwei) Elektroschocks verändert hat. Sie ist ruhig, wohlgelaunt, zugänglich. Warum? Dieser Zustand ist offenbar die Folge von etwas, was gemacht wurde. Dieses „etwas" war also eben etwas, was ihr fehlte. Der katatone Zustand, der bei ihr vor dem Behandeln zu sehen war, ist als Ausdruck von etwas aufzufassen, was ihr fehlte. Eine zweite Möglichkeit ist die, daß der katatone Zustand der Ausdruck eines Vorganges war und nicht des Fehlens eines Vorganges. Wurde dieser Vorgang ausgeschaltet, fiel damit auch der katatone Zustand weg. Die dritte Möglichkeit: der katatone Zustand war der Ausdruck von beiden Möglichkeiten zusammen.

5.2.11
30. Oktober 1943

Am 11. dieses Monats kam ich zur Ansicht, die Psychologie des Wartens könnte auch als ein mehr oder weniger wechselvolles Zusammenspiel von Vagus und Sympathicus bzw. von cholinergischen und adrenergischen Nerven aufgefaßt werden in der Erwartung der Katharsis, vielleicht als Vorbereitung einer solchen.

Bei einiger Überlegung erscheint es naheliegend, von einer Psychologie der Zustände der Erwartung zu sprechen. Diese Zustände der Erwartung sollen den Sinn haben, die Zustände der Erfüllung vorzubereiten und diese einzuleiten.

Ich wurde zu dieser Betrachtungsweise durch die Beobachtung von Schizophrenen geführt, bei welchen die Zustände der Erregung und solche der Ruhe einander ablösen, ferner von Katatonen, bei welchen die Zustände der Gespanntheit, der Starre, von solchen der verhältnismäßigen Gelöstheit ersetzt werden.

Es ist doch recht naheliegend, dieselbe Betrachtungsweise auch bei der Beurteilung von psychisch Gesunden anzuwenden. In der Tat, kein Mensch weist völlige Gleichmäßigkeit seines psychischen Verhaltens auf. Schwankungen der Stimmung und der Aktivität können bei allen, selbst bei sogenannt völlig ausgeglichenen und gleichmäßigen Menschen bei aufmerksamer Beobachtung festgestellt werden. Es ist anzunehmen, daß es sich dabei um Dinge handelt, welche auf dem Gebiete der Affektivität vor sich gehen. So betrachtet würde es sich bei Schizophrenie um Störungen dieser wechselseitigen Beziehungen zwischen Erwartung und Erfüllung handeln, welche oft eben in Form von schizophrener Erregung in Erscheinung treten.

Die Erregung an sich möchte man am liebsten als ein Abreagieren, als eine Entladung auffassen. Es entsteht aber die Frage, warum kommt es denn überhaupt zu einer Erregung? Handelt es sich dabei um die ausschließliche Anomalie auf dem Gebiete der Erfüllung? Oder soll die Abnormität bereits auf dem Gebiete der Erwartung gesucht werden?

Betrachtet man die sogenannt ausgeglichenen Menschen, so stellt man bei ihnen eine gleichmäßige Stimmung fest, also keine Diskrepanz zwischen verschiedenen Verhaltensweisen, keine Möglichkeit, schlechterdings von den Zuständen der Erwartung und solchen der Erfüllung zu sprechen.

5.2.12

7. November 1943

Einerseits der Trieb, sich auszuleben, er tritt in Erscheinung durch die motorischen Entladungen oder aber, so soll es vorläufig angenommen werden, er kann sich intrapsychisch abreagieren, ohne daß es zu motorischen Entladungen kommen müßte. Andererseits die Hemmungen. Sie werden in diesem Zusammenhang als biologische Mechanismen gedacht, welche in einer dem Trieb entgegengesetzten Richtung wirken. Sie beziehen sich sowohl auf die motorischen Entladungen wie auch auf Hemmungen des Denkens und des Fühlens. Möglicherweise ist der Trieb eine Konstante, eine Größe, welche beim nämlichen Individuum im Verlaufe des Lebens nur wenigen Schwankungen unterliegt. Und wenn nach außen oder innen hin dieser Trieb als verschieden stark empfunden oder bezeichnet wird, so mag das gar nicht am Trieb selber liegen, sondern an den Hemmungen, welche als variable Größe gedacht werden sollen.

Im Verlaufe der bisherigen Versuche scheinen sowohl der Trieb als auch die Hemmungen durch dieselben Faktoren bedingt zu werden. Die Genese des Triebes wird im adrenalen System vermutet, das scheint der Motor zu sein. Die ausführende Instanz ist aber nicht nur beim adrenalen System, sondern auch bei den cholinergischen Nerven zu suchen. So steht man vor der paradox anmutenden Annahme, daß dieselben Faktoren zu gänzlich verschiedenen Wirkungen führen, je nach den Ansatzstellen der wirkenden Stoffe. Der Tatbestand ist um so komplizierter und um so schwieriger zu beurteilen, als noch etwas weiteres dazukommt, nämlich der Antagonismus im Zusammenspiel vom adrenergischen und cholinergischen System. Es soll festgehalten werden, daß Physostigmin allein die Beruhigung bei heftigen schizophrenen Erregungen bewirkt. Gynergen allein führt zur Dämpfung der Erregung. Atropin allein wirkt nur, wenn vorher während einiger Zeit Atropin gemeinsam mit Gynergen verabreicht worden war, sonst aber ist die Wirkung des Atropins nur schwach und unsicher. Atropin und Gynergen in gleichen Dosen verabreicht, haben bisher die sicherste Wirkung gezeigt. Die Wirkung von Adrenalin mit Atropin soll noch geprüft werden. Adrenalin allein scheint, soweit dieser Schluß aus den Beobachtungen an mir selber sowie an anderen gestattet ist, zu einer intrapsychischen Erregung zu führen. Dies ist zu beobachten bei Nikotin, Theobromin und Alkohol. Vielleicht aber führt es auch zu heftiger psychomotorischen Entladungen, wenn die genannten Stoffe in ausreichender Menge zugeführt worden sind und innert geeigneter Zeit, also nicht zu schnell, da sonst das Stadium der Erregung infolge der rasch eintretenden Lähmung nicht in Erscheinung treten kann.

Es scheint also nach bisherigen Ergebnissen praktisch die Hauptrolle den Hemmungsinstanzen zuzukommen. Nimmt man an, die Melancholie sei nichts anderes als eine sozusagen verhinderte Manie, so muß die Erklärung in der Funktion der Hemmungsinstanzen gesucht werden.

Es erhebt sich die Frage nach der eventuellen Differenzierung der Erregungen. Auf den ersten Blick scheint es sich ja bei der psychomotorischen Erregung um einen Mechanismus zu handeln, welcher präformiert ist und keine Verschiedenheit im Aufbau zwischen normalen, manischen und schizophrenen Menschen zeigt. Es wäre also in diesem Fall ein indifferenter Mechanismus, der zum Ablauf gelangt, wenn er ausgelöst wird.

Nun erhebt sich eben die Frage, ob es auch tatsächlich so ist. Es ist doch immerhin auffallend, daß zwischen den Erregungen bei oben erwähnten Kategorien wesentliche Unterschiede bestehen. Diese beziehen sich auf die Dauer der Erregung, ihre Intensität und ihre Färbung. Dessen ungeachtet kann es sich dabei trotzdem um einen präformierten Mechanismus handeln. Eine weitere Frage berührt die Auslösungen der Erregung. Darüber besteht zur Zeit gar keine Klarheit. Auch die Einteilung der Auslösungsmomente in exogene und endogene bringt nicht mehr Klarheit. Nimmt man den Trieb als eine Konstante an, so würde das Auftreten der Erregung, auf eine ganz einfache Formel zurückgebracht, nichts anderes bedeuten als Abschwächung, Ausschaltung oder Versagen der hemmenden Instanzen – alles grundverschiedene Ereignisse.

Es ist unklar, wie Adrenalin mit Physostigmin oder Atropin gemeinsam wirken soll. Theoretisch betrachtet ist die Verabreichung von Adrenalin gar nicht berechtigt, denn dieses ist ja sowieso vorhanden. Doch ist das zuerst auszuprobieren. Denn vielleicht wird das neu zugeführte Adrenalin einen anderen Weg nehmen und andere Angriffspunkte finden als das fortwährend produzierte und an einen bestimmten Ort zur Auslösung der Erregung gelangende.

5.2.13

4. Dezember 1943
(Handschrift)

Es bleibt die Abklärung von zwei wichtigen Vorgängen zu erforschen: die Physiologie der Regression und die Physiologie der Identifizierung. Die Psychologie dieser Vorgänge ist dank den Arbeiten besonders der Psychoanalytiker weitgehend untersucht worden. Es soll nun mit Hilfe der Ergebnisse der Psychologie einerseits und gestützt andererseits auf die Ergebnisse der Versuche betr. den Aufbau der Erregung versucht werden, das somatische Geschehen bei der Regression und der Identifikation zu ergründen. Es soll dann zunächst festgestellt werden, ob es sich hier bei allen Menschen um dieselben Vorgänge handelt, wie z.B. bei allen Menschen die Verdauung im Magen mit Hilfe der normalerweise im Magen vorkommenden Fermente vor sich geht.

Nach der Abklärung der sozusagen normalen Mechanismen dieser Vorgänge soll festgestellt werden, durch welche Mechanismen diese unter bestimmten Bedingungen ersetzt werden können. Ferner, wie diese Mechanismen beeinflußt werden können.

Es ist sehr lehrreich, sich selbst zu beobachten, während ein bestimmtes Ereignis, welches befürchtet wird, abgewartet wird. Es mag sich dabei um eine Entscheidung handeln, die von einer Drittperson gefällt werden soll, die man nicht beeinflussen kann und deren Ausgang reichlich ungewiß ist. Oder, z.B., ob eine Gravidität, die man zu befürchten hat, eintritt oder ausbleibt. Es zeigt sich dabei, daß, wenn man sich intensiv mit einer Erwartung, einer Hoffnung oder Befürchtung abgibt, man dadurch ganz erfaßt wird, die Spannung steigert sich derart, daß sie lähmend wirkt. Das ist die erste und zunächst die einzige Beobachtung, die dabei gemacht werden kann. Man ist nicht mehr imstande, sich sonst mit etwas zu befassen.

5.2.14.1

21. Dezember 1943
(Handschrift)
Bei rein subjektiver Betrachtung, indem dabei das Erlebnis geprüft wird, erscheint eine einfache Bewegung – etwa die Schließung der Hand, die Drehung des Rumpfes – als ein ganz einfacher Vorgang, als ein ganz primitives und farbloses Erlebnis, fern jeder Problematik. Doch schon bei näherer Betrachtung wird ersichtlich, daß dies tatsächlich ganz anders ist. Man soll sich nur daran erinnern, daß diese Bewegung unter verschiedenen Umständen ganz verschieden ausgeführt und empfunden

wird, etwa beim Erwachen anders als beim Einschlafen, bei Trauer anders als bei Freude, in der Hast anders als in der Ruhe.

Es sollen die verschiedenen Faktoren, die den Ablauf der Bewegung bedingen und ermöglichen, zusammengesetzt werden. Es soll geprüft werden, in welcher Beziehung diese Faktoren sich zu den Denkfunktionen verhalten und dabei Vergleiche angestellt werden. Vielleicht wird hieraus Klarheit über die Beziehungen zwischen dem Denken und der Motorik während der Erregung entstehen.

5.2.14.2

21. Dezember 1943
(Handschrift)
Immer wieder stellt sich die Frage, ob ein charakteristischer, scheinbar „spezifischer" Erwartungszustand auch nur auf dem entsprechenden Weg erfüllt werden kann, damit das Gefühl der Lösung – die Erfüllung, die Befriedigung – herbeigeführt wird. Konkret gesagt: Muß beim Wunsch nach Geld auch wirklich Geld erreicht werden, damit man sich befriedigt fühlt? Muß dazu, beim Wunsch nach Ruhm, wirklich Ruhm erreicht werden? Muß, bei sexueller Not, wirklich sexueller Verkehr zustande kommen? Muß es bei Männern mit Frauen sein, um zur Erlösung und zur Erleichterung zu kommen? Ja sogar, muß bei Hunger und Durst wirklich gegessen und getrunken werden, um dieses Verlangen zu befriedigen?

Auf Grund der Selbstbeobachtung, der Erfahrung und den Angaben der Literatur scheint es nicht so zu sein, auch auf anderen Wegen ist das möglich, nicht nur durch die Befriedigung des betreffenden Verlangens. Ist es aber auch dann wirklich eine richtige und nicht nur eine scheinbare Erfüllung? Ist das Abreagieren wirklich im Grunde unspezifisch?

5.2.15

Dezember 1943
Kurze Zusammenfassung zu Handen von Herrn Direktor Kielholz zwecks eventueller Erwähnung am Genfer Psychiaterkongreß im Dezember 1943.

Die Frage betreffend psychische Funktionen und ihre Lokalisationen soll nicht nur vom anatomischen, sondern auch vom physiologischen Standpunkt betrachtet werden. Bei der Betrachtung der psychomotorischen Erregung bei Schizophrenen und Zirkulären soll namentlich dieser letztere Standpunkt berücksichtigt werden.

Um einen Einblick in den Aufbau der psychomotorischen Erregung zu gewinnen, wurden während längerer Zeit bei Patienten, welche periodisch solche Erregungen durchmachen, versucht, den Ablauf dieser Zustände mittels solcher Pharmaka zu beeinflussen, die nicht zur Gruppe der Narkotika gehören. Die theoretischen Überlegungen, welche diese Versuche ausgelöst haben, sowie die genauen Beschreibungen der Versuche werden in einer Arbeit veröffentlich werden. Es sei hier nur mitgeteilt, daß selbst die heftigsten psychomotorischen Erregungen beeinflußt werden konnten durch Verabreichung von sehr hohen Dosen von Vitamin B_1 per injectionem. Durch Injektion von Physostigmin, zum Teil kombiniert mit Vitamin B_1 konnten die Erregungen ebenfalls gedämpft werden. Die Verabreichung von Gynergen kombiniert mit Atropin (es werden von beiden Präparaten erstaunlich hohe Dosen ertragen!) brachte oft selbst bei mittlerer Dosierung schlagartige Beruhigung.

Gynergen und Atropin wurden sowohl per os wie per injectionem verabreicht.

Bei Verabreichung von Gynergen mit Physostigmin gelang es jeweils, manische euphorische Erregungen in weinerlich-depressive Verstimmungen zu überführen, auf welche in einigen Fällen Schlaf folgte.

Die sehr zahlreichen Versuche und dabei gemachten Beobachtungen können nicht nur kurz resümiert werden. Sie weisen darauf hin, daß die psychomotorische Erregung zunächst einmal eine hochgradig gesteigerte Funktion sowohl vom Vagus wie auch vom Sympathicus, sowohl von cholin- wie auch adrenergischen Nerven darstellt und nicht etwa nur der Ausdruck einer gesteigerten Sympathicusinnervation ist.

Es sei besonders darauf hingewiesen, daß sowohl Gynergen + Atropin als auch Gynergen + Physostigmin beruhigend wirken, wenn auch unter Erzeugung verschiedener Zustandsbilder. Also, bei gleichzeitiger Sympathicusdämpfung wirken sowohl Vagusreizung wie auch Vagusdämpfung beruhigend. Diese auf den ersten Blick paradox anmutende Tatsache wird nach Berücksichtigung von übrigen Versuchsergebnissen folgendermaßen erklärt: der Sympathicus ist der Zünder, der Schrittmacher der psychomotorischen Erregung, der Vagus (oder besser gesagt die cholinergischen Nerven) das ausführende Organ.

Es sei in diesem Zusammenhang auf die Versuche v. Muralts hingewiesen betreffend das Freiwerden von Acetylcholin und Vitamin B_1 in den Nerven bei deren Erregung. Zugleich aber ist und bleibt Vagus der Antagonist des Sympathicus, und jede Vagusreizung wirkt sich in diesem Sinne aus.

Es sei hier festgehalten, daß durch die Aufklärung der Rolle, welche den cholin- und adrenergischen Nerven beim Aufbau der Erregung zukommt, der Mechanismus derselben keineswegs erschöpfend beschrieben wird. Es beteiligen sich dabei noch andere Regulationsapparate; die ihnen zukommende Bedeutung wird untersucht.

5.2.16.1

5. Januar 1944

Die motorischen Äußerungen sind als die primitivsten Lebensäußerungen zu betrachten. Siehe auch die Probierbewegungen. In der Kindheit zuerst noch unkoordiniert, werden sie im Verlaufe der Entwicklung immer mehr differenziert. Später kann man sowohl bei Normalen wie auch bei allen Geisteskranken und auch bei Nervenkranken bei jeder Bewegung zwei Faktoren auseinanderhalten: die Momente, die Bewegung an sich ausmachen wie die Geschwindigkeit, Intensität usw., zweitens aber die der Bewegung innewohnende Symbolik, den Inhalt, den Zweck der Bewegung. Von diesem letzteren Standpunkt aus erscheint jede Bewegung als zweckbedingt. Selbst die auf den ersten Blick als völlig überflüssig anmutenden Bewegungen im Sturm einer schizophrenen Tobsucht haben für das geübte Auge einen symbolischen Gehalt. Und das Auge muß man üben dafür, ebenso wie man es für die Beurteilung choreographischer Darbietungen üben muß, will man diese erfassen und begreifen. Bei schizophrenen Tobsüchtigen sieht man meistens alle Arten von Bewegungen, die zum Ziel Zerstörung haben wie greifen, zerdrücken, zermalmen, erwürgen, wegstoßen, schlagen, stechen und viele andere. Seltener sieht man verschiedene, für gewisse Handhabungen charakteristische Bewegungen wie nähen, zuschneiden, weben, drehen usw.

5.2.16.2

5. Februar 1944

(Nur ein programmatischer Satz, mp:)
Die Differenzierung der Verwirrungszustände nach ihrer Genese und ihrer Erscheinungsform.

5.2.17

8. März 1944

Die Psychologie der Erwartung findet ihr Gegenstück und ihre eigentliche Grundlage in der Biologie der Erwartung. Es ist festzustellen, daß jeder Mensch jederzeit einen Zustand der Erwartung durchmacht. Das Leben muß ja so aufgefaßt werden, daß die Gegenwart eigentlich nichts anderes darstellt als die Erwartung der Zukunft, des Kommenden, als ein Sich-Einstellen darauf. In der Jugend ist dieser Zustand in den meisten Fällen, d.h. bei den meisten Menschen, sehr ausgesprochen, er wird auch als ein solcher empfunden, besonders in den Pubertätsjahren. Da kommt es oftmals vor, daß etwas erwartet wird, ohne daß man genau wüßte, was eigentlich erwartet wird. In den reiferen Jahren erlebt man oft längere Zeitläufe, ohne eigentlich einen Zustand der Erwartung als einen solchen zu empfinden. Was aber keineswegs zu besagen hat, daß man ihn nicht dennoch erlebt. Denn der Körper ist auf die Erwartung eingestellt, mag auch die Psyche dieses Erlebnis nicht wahrnehmen.

In groben Zügen ist das körperliche Geschehen während der Erwartung sehr schnell umrissen: es sind nur zwei einander diametral entgegengesetzte Zustände der Erwartung denkbar: die Erwartung des kommenden Lebens, die Einstellung auf die Lebensfortsetzung also; und die Erwartung des kommenden Sterbens, die Vorbereitung auf den Tod. Vielleicht ist der manische Schub ein Höhepunkt einer solchen Erwartung des kommenden Lebenserlebnisses. Vielleicht ist die tiefste Depression die tiefste Vorahnung des kommenden Todes und die Erwartung, ja Ersehnung desselben. Doch immer wieder sind beide Vorgänge nebeneinander vorhanden. Sie werden ausgedrückt durch das Zusammenspielen der Antagonisten Vagus und Sympathicus. Auch die tiefste Depression ist nicht frei vom Leben, solange man eben lebt. Auch die hochgradige Manie wird nie ganz frei sein von einem Schatten des Todes, stellt sie doch in vielen Fällen den Versuch dar, diesen Tod zu überwinden und zugleich einen Schritt näher zum Tode.

Vielleicht muß die Erwartung zuerst körperlich durchlebt werden, dann erst vermag sie in die Sphäre des Bewußten zu rücken. Es ist sehr lehrreich, sich selber während der Zustände der Erwartung zu beobachten. So z.B. während der Erwartung eines sicheren freudigen Ereignisses. Oder bei der Erwartung eines freudigen Ereignisses, welches erhofft wird, jedoch keineswegs sicher erwartet werden kann. Oder bei der Erwartung eines sehr unangenehmen Ereignisses, welches zwar befürchtet wird, doch mit der Hoffnung, es sei abwendbar oder vermeidbar. Und schließlich die von der Hoffnungslosigkeit beschattete Erwartung eines unangenehmen oder schrecklichen Ereignisses, welches unabwendbar ist und welches man bestenfalls zu überstehen hofft.

5.2.18

13. April 1944

Ein bemerkenswertes Erlebnis: 22 Uhr, es wurden gerade die Lichter auf der Bahnlinie abgelöscht, als ich, auf der Rückkehr aus dem P nach einer Injektion gerade im Begriff war, das geteerte Sträßchen zu verlassen, welches am T vorbeiführt. Es war dunkel, und ich mußte meinen Schritt heftig bremsen, um nicht in eine weißliche, langgeformte Masse hineinzufahren. Beim Aufblitzen der Taschenlampe erwies es sich, daß ich nahe daran war, auf einen Wagen heranzukommen, welcher, mit Schienen beladen, im Verlaufe des Tages in einer wenig zweckmäßigen Weise eben dort aufgestellt worden war. Was aber dieses an sich unbedeutende Ereignis doch bemerkenswert macht, war die Möglichkeit, welche sich mir bot, um die Entstehung und den Ablauf eines Affektes bei mir selber zu beobachten, nämlich das Auftreten eines Schreckens, bevor ich die Taschenlampe angezündet habe. Dann, als sich der Tatbestand als denkbar harmlos herausstellte, konnte ich beobachten, daß es doch einige Minuten dauerte, bis der Schrecken, der freilich nicht heftig war, gänzlich nachließ. Dieses Erlebnis lenkte meine Aufmerksamkeit auf den Umstand, daß gewöhnlich die Kupplung der Affekte mit einem gegebenen Erlebnis viel zu wenig beachtet wird. Und dieses Thema, welches so viele Möglichkeiten für Romanschriftsteller bieten würde, wird eigentlich viel zu wenig kunstgerecht ausgebeutet. Ich erinnere mich an eine Novelle, in welcher der Ausfall der gewöhnlich unter gefährlichen Umständen auftretenden Angst beobachtet wird. Diese Novelle habe ich vor etwa zwanzig Jahren auf Russisch gelesen, sie hieß „Opiumrausch". Dort wird unter anderem geschildert, wie ein an sich feiger Mensch vor einer Seeschlacht Opium zu sich nimmt, er empfindet dann keinen Schrecken während der Schlacht und läßt selbst eine todbringende Verwundung ohne Angst über sich ergehen. Die Kriminalnovellen hantieren ausgiebig mit der oben erwähnten Tatsache der Verkupplung der Affekte mit gewissen intellektuellen Inhalten, indem beim Lesen der Novellen ein etwas gedämpfter Schrecken entsteht. In der Psychiatrie aber wird dieser Umstand meines Erachtens viel zu wenig gewürdigt.

5.3 „Spannung und Entladung"
(25. Juni 1944 bis 28. November 1946)

5.3.1

25. Juni 1944

Bei der Analyse der Erwartungszustände muß der Zustand der Erwartung vom Ziel der Erwartung, vom Gegenstand derselben, getrennt werden. Der Zustand der Erwartung kann ganz allgemein als ein Spannungszustand bezeichnet werden. Über sein Wesen weiß man wenig. Da eben etwas erwartet wird, bedeutet dies, daß gewisse Erlebnisse hintangehalten werden, der Ablauf gewisser Erlebnisse soll verhindert werden. Handelt es sich aber immer um – biologisch gesprochen – dieselben Erlebnisse, deren Ablauf gehemmt bzw. verhindert wird während der Zustände der Erwartung? Nicht selten ist es eine bestimmte freudige Nachricht, die erwartet wird. Vor dem Eintreffen dieser Nachricht (oder einer anderen, nicht minder erfreulichen Mitteilung) wird der Ablauf der Freude gehemmt. Das Eintreffen der Nachricht ist die Auslösung des Erlebnisses der Freude. Das Erlebnis setzt sofort ein oder nach einer mehr oder weniger langen Latenzperiode. Was sich während dieser Latenzperiode abspielt, wissen wir nicht. Wir wissen aber auch nicht genau, was sich während des Erlebnisses der Freude abspielt. Wir wissen nicht, worin genau der Unterschied besteht erstens zwischen dem Zustand der Erwartung eines lustbetonten und demjenigen der Erwartung eines unlustbetonten Erlebnisses sowie zweitens zwischen dem Erlebnis der Lust und dem Erlebnis der Unlust. Wir wissen nur aus Beobachtungen und Erfahrungen, daß bei beiden Zuständen sowohl Sympathicus als auch Vagus mit entsprechenden Inkretdrüsen in Funktion treten. Offenbar müssen zwischen dem Vagus und dem Sympathicus Beziehungen bestehen, deren Natur uns jetzt noch ganz unklar ist. Es scheint, daß während gewissen Zuständen der Vagus der führende Teil ist, der Sympathicus der nachfolgende, und daß es Zustände gibt, bei denen es sich genau umgekehrt verhält. Ob es auch solche Zustände gibt, bei welchen simultanes Auftreten beider Systeme besteht, kann ich nicht sagen, nur vermuten. Sollte es, der Beschreibung Kempers(1) entsprechend, beim Orgasmus wirklich zuerst zum heftigen Ablauf im Funktionsgebiet des Vagus und im Anschluß daran erst zu einem solchen im Gebiet des Sympathicus kommen, so hätte man einen Anhaltspunkt zur Beurteilung anderer Ereignisse. Ohne sich zur Entstehung und Ablauf des Erwartungszustandes äußern zu wollen, könnte man sich doch zum Ablauf der Spannung beim Erreichen des Ziels äußern und sagen, bei einem Lusterlebnis, welches seinesgleichen sucht, kommt es eben zuerst zur heftigen Entspannung des Vagus und dann erst des Sympathicus. Man müßte jetzt schon daraus schließen, daß vagus- und sympathicuslähmende Mittel die Funktionen der Antiaphrodisiaka erfüllen könnten. Daß vagusreizende Mittel als sexuell reizend wirken, das habe ich ja zur Genüge bei Physostigmin-Injektionen beobachten können.

Weiterhin könnte aus dieser Feststellung gefolgert werden, daß, im Gegensatz dazu, das Erlebnis der höchsten Unlust genau umgekehrt beschaffen sein müßte, sich als aus einer primären heftigen Sympathicuserregung und einer unmittelbar folgenden Vaguserregung zusammensetzen würde.

Wenn ich auch überall nur die Vagus- bzw. Sympathicuserregung erwähne, so geschieht das nur der Kürze zuliebe. Selbstverständlich werden aber damit die Hormondrüsen ebenso gemeint wie die vegetativen Nerven.

Man ist im Verlaufe dieser kurzen Betrachtung etwas näher an das Wesen vom Zustand der Erwartung gekommen, man müßte jetzt eigentlich von Zuständen der Erwartung, in Mehrzahl also, sprechen. Denn aus diesen Ausführungen muß gefolgert werden, daß ziemlich wahrscheinlich zwei Zustände der Erwartung existieren oder, genauer, denkbar wären, nämlich der Erwartung der Lust und der Erwartung der Unlust. Es soll hier jedoch von vornherein erklärt werden, wenn ich auch diese Vermutung hier ausdrücke, so bin ich noch weit davon entfernt, selber daran zu glauben. Denn eigentlich wird vom Zustand der Erwartung nichts anderes verlangt als das Zustandekommen von Spannungen sowohl im Vagus- als auch im Sympathicusgebiet. Ist denn wesentlich wichtig, daß diese Spannung unter der Devise Lust oder Unlust erfolgt, damit sie zustandekommt? Es ist ja denkbar, daß, wenn Lust erstrebt wird, eine solche Spannung viel schneller erfolgt als wenn z.B. in einer Zwangslage Unlust nicht erstrebt, aber gewärtigt werden muß. Erwartet man ein Lusterlebnis, so muß das Zustandekommen des Erlebnisses, der Befriedigung, abgebremst werden, bis es auch wirklich eintritt. Nur in einzelnen Fällen hängt dies aber vom Individuum ab, z.B. während dem Coitus beim Hinausschieben des Orgasmus. In vielen Fällen aber, wenn das auslösende Ereignis von außen her kommt, muß man sich lediglich auf die Erwartung desselben beschränken. Bei Erwartung der Unlust wird man sich hüten, das Eintreten des befürchteten Zustandes festzustellen, bevor diese Feststellung unumgänglich ist. Auch in diesen Fällen sieht man nicht selten, wie auch dann noch das Geschehene als ungeschehen erklärt und betrachtet wird. Und bei psychotischen Patienten ist es keine Seltenheit, daß sowohl ein freudiges als auch sehr unerfreuliches Ereignis den Tatsachen zum Trotz sowohl als geschehen wie als ungeschehen erklärt wird.

Nach diesen Ausführungen sollen noch einige Worte dem Ziel der Erwartung gewidmet werden. Bei einzelnen Krankheiten kann man erleben, daß die Patienten irgend etwas erwarten, ohne zu wissen, was sie erwarten. Ich denke dabei besonders an die Basedowiker, die das einem immer wieder erzählen. Bei Psychosen kann diese Beobachtung sehr oft gemacht werden. Gewöhnlich aber wissen die Leute sehr gut, was sie erwarten, sowohl im Guten als auch im Bösen. Es ist doch so, daß einem manifesten Inhalt der Erwartung ein latenter Inhalt derselben als Grundlage dient. Der manifeste Inhalt, das Ziel der Erwartung, wird uns mitgeteilt oder läßt sich ohne Mühe und unmißverständlich feststellen durch Beobachtung. Mit latentem Inhalt ist gemeint, daß dabei ganz bestimmte Spannungen in beiden Gebieten der sympathischen Nerven erzeugt werden sollen. Ich frage mich schon lange, ob der manifeste Inhalt nicht nur ein Mittel zum Zwecke ist, die wahre Grundlage aber, um die es geht, doch die Spannungen und Lösungen von Spannungen in den vegetativen Systemen sind. Es ist vielleicht so, daß die Intensität der Spannungen ganz verschieden sein kann, und ebenso soll die Intensität der Entspannung der Größe der empfangenen Ladung entsprechen. Am intensivsten wären also die Ladungen und auch Entspannungen bei Normalen auf dem Sexualgebiet und dem Orgasmus, bei Epileptikern im epileptischen Anfall. Dann folgt eine lange Reihe von verschiedenen Erscheinungen, die sich durch Zustände der Spannung und Entladung verschiedenen Grades charakterisieren lassen oder ließen. Die Zahl der manifesten Inhalte ist Legion. Ist aber die Zahl der diesen zugrundeliegenden latenten Zustände ebenso hoch? Sind die manifesten Inhalte nicht nur Mittel und Wege, um Spannungszustände in den vegetativen Systemen herbeizuführen? Man erstrebt Lusterlebnisse, wir wollen dabei nicht gerade von höchsten Stürmen der sexuellen Lust sprechen, wir meinen Lusterlebnisse als Freuden. Man schaut sich zu diesem Zwecke schöne Bilder an, dann hat man sich so daran gewöhnt, daß dieses Erlebnis nicht mehr als besonders lustvoll empfunden wird. Dann geht man hin und macht eine Tour in die schöne Natur, und siehe da, man ist wieder fähig, Lust und Freude zu erleben. Wir sehen hier, daß manifeste Inhalte hier verschieden sind, z.B. Porträtbilder und die Natur. Besteht aber auch ein Unterschied zwischen latenten Zuständen, welche die biologische Grundlage dieser Erlebnisse bilden?

Will man also vom Ziel der Erwartungszustände sprechen, so muß man feststellen, daß es sehr fraglich ist, ob es, trotz unendlichen Variationen der manifesten Inhalte, bei latenten Inhalten eine andere Variation in der Struktur gibt als diejenige der Intensität der Spannung und der Entladung.

(1) Kemper, Werner: Die Störungen der Liebesfähigkeit beim Weibe. 2. Aufl., Leipzig 1943.

5.3.2

6. Juli 1944

Bei der Betrachtung des Ablaufs des intellektuellen Geschehens, der intellektuellen Erlebnisse, kann man nicht umhin, eine große Mannigfaltigkeit und Möglichkeit zahlreicher Variationen feststellen zu müssen. Im Gegensatz dazu scheint die Anzahl der möglichen Variationen beim Ablauf der Triebe ziemlich beschränkt zu sein, wenigstens im Vergleich zu den erstgenannten Erlebnissen. Aus den Schilderungen Kempers geht hervor, daß beim Coitus der Orgasmus mit heftigen Innervationen zuerst des Sympathicus und dann des Vagus einhergeht. Wir wissen ferner, daß jedes affektive Geschehen (und welches psychische Geschehen ist frei von Affekten?) von vegetativen Vorgängen begleitet wird. Will man berücksichtigen, daß der Orgasmus ein Beispiel par excellence für das Zustandekommen einer heftigen vegetativen Spannung und einer ebensolchen Entspannung ist, so liegt es nahe anzunehmen, daß für das Zustandekommen einer tiefen Befriedigung eine conditio sine qua non eben das Zustandekommen einer vegetativen Spannung und Entspannung ist.

Das vegetative System ist der phylogenetisch älteste Teil der nervösen Regulation der Lebensvorgänge. Wir wissen nicht genau, wie Spannungszustände desselben zustandekommen, müssen aber immer wieder diese Tatsache feststellen. Vielleicht ist das ganze psychische und physische Leben einer Persönlichkeit im Grunde nichts anderes als das Funktionieren des undifferenzierten Triebes, der Trieb aber nichts anderes als das Funktionieren des vegetativen Nervensystems. Alles andere psychische Geschehen aber ist nichts als die Fassade, als der Ausdruck des Triebes. Der Trieb ist der Fluß. Es lassen sich an einem Fluß, Weiher, Bassins, Springbrunnen und noch vieles andere anbringen. Das alles aber ist nicht möglich ohne Fluß, sein Wasser und die Kraft seines Stromes. In diesem Sinne mögen differenzierte Produkte des Geistes als Sublimierung des Triebes betrachtet werden. Der größte Teil des Triebes wird aber nicht sublimiert. Ist überhaupt der gesamte Trieb zu sublimieren? Die Erfahrung sagt nein. Pathographien über große Geister wie z.B. Goethe zeigen, daß, wenn auch durch die Sublimierung des Triebes Großes an geistigen Werten geschaffen werden konnte, doch der noch größere Teil des Triebes nicht sublimiert wurde oder werden konnte.

Der Trieb an sich ist autonom und elementar, es zeigt sich immer wieder, daß er der Vernunft nicht unterworfen ist oder in einem nur sehr beschränkten Ausmaß. Wer das nicht glaubt, möge nur die Klinik und die Kriminologie der Perversionen betrachten.

5.3.3

8. Juli 1944

Sobald man annimmt, es komme dem vegetativen Nervensystem im Lebensgeschehen, und zwar sowohl psychisch als auch physisch, die primäre Rolle zu, muß sofort auch angenommen werden, daß alle übrigen Systeme in erster Linie Erfolgsorgane sind, die erst in zweiter Linie die Möglichkeit haben, ihrerseits auf das vegetative System einzuwirken und jedenfalls nicht die Stelle sind, wo die Entstehung des Triebes vermutet werden muß. Der Trieb hat seinen Sitz, richtiger seine Quelle, im phylogenetisch ältesten System. Die späteren Systeme werden wohl, teleologisch betrachtet, die Bedeutung von Hemmern, von Förderern und Informationsorganen des Triebes haben.

Alles psychische Geschehen muß, nach diesem Prinzip, in erster Linie als Funktion des Triebes angesehen werden. Wille, Vorstellung, Überlegung, Verstand, Affektivität, das alles ist keine primäre Funktion, sondern eine nicht schärfer abgrenzbare

Funktion des Triebes, eine der Erscheinungsformen, niemals als isoliert und an sich denkbar, sondern immer mit vielen anderen Funktionen zu einer Ganzheit verwachsen, eben dem Trieb. Ebenso wie verschiedene Eigenschaften eines Eisenklotzes, wie hart, schwer, dunkel, kalt usw., nicht Dinge an sich sind, sondern eben Eigenschaften eines bestimmten Objektes.

Es müßte also gefolgert werden, daß Ideen z.B. Folgen einer bestimmten Triebrichtung sind und nicht umgekehrt. Dasselbe müßte von Stimmungen angenommen werden. Es müßte angenommen werden, nicht der Trieb sei der Hirnrinde unterworfen, sondern umgekehrt, diese dem Trieb. Es soll nicht behauptet werden, daß die Hirnrinde keine Möglichkeit habe, den Trieb irgendwie zu beeinflussen, es soll nur präzisiert werden, daß sie sich zum Trieb wie ein Untergebener zum Vorgesetzten verhält. Es soll festgestellt werden, daß bisher nicht viel Klarheit über Beziehungen Rinde – Trieb besteht. Bisher wurde die Rolle der Hirnrinde zweifellos überschätzt, dann wieder unterschätzt (Arbeiten aus den 20er Jahren mit der Behauptung, die Persönlichkeit sei in den Stammganglien, eventuell in der Medulla zu suchen). Es kommt aber darauf an, das Verhältnis und die gegenseitigen Beeinflussungsmöglichkeiten abzuklären, denn diese Klarheit könnte einen tiefgehenden Einblick in den Aufbau der Psychosen gewähren und außerdem erst noch die Möglichkeit zu deren differenzierten Behandlung bieten.

Es sind ja verschiedene Eigenschaften des Triebes bekannt, und zum Glück sind deren nicht sehr viele vorhanden. Der Trieb zeichnet sich im normalen Zustand durch sein ausgesprochenes Gerichtetsein aus: die Richtung zielt auf die Befriedigung des Triebes ab. Er weist ferner die Fähigkeit auf, zum Teil sublimiert zu werden. Ferner weist er die Fähigkeit auf, differenziert zu werden, aus dem ursprünglich primitiven Lebenstrieb sondern sich verschiedene Zweige sehr deutlich ab.

Was die Frage der Triebbefriedigung anbelangt, so muß gesagt werden, daß zuerst ein Verlangen nach dieser Befriedigung vorhanden sein muß. Etwas, was heute keine Selbstverständlichkeit ist. Man weiß, Versagen der Befriedigung verursacht Störungen verschiedener Natur. Wie verhält es sich aber mit Handlungen, welche darauf abzielen, Triebe zu reizen und dann erst Befriedigung herbeizuführen? Oder Handlungen vorzunehmen, welche sonst nichts anderes bedeuten als Triebbefriedigung? Z.B. etwas essen und trinken ohne wirklichen Durst oder Hunger? Sexuelle Betätigung ohne sexuelles Verlangen? Ausübung der Macht ohne ein Verlangen danach? Es entstehen also zwei Fragenkomplexe: wie reagieren Triebe auf das Fehlen der Befriedigung? Wie reagieren sie auf ein Übermaß derselben? Erregungszustände verschiedener Art und Angstzustände sind die unverkennbarsten Manifestationen der Störungen im Triebleben. Es soll auf die Wirkungen der Opiumkur, verschiedener Narkotika, ferner DHE, Physostigmin und Atropin hingewiesen werden.

5.3.4

7. September 1944

Freizeitbeschäftigung bei Geisteskranken

Es würde zum Bild eines modernen Anstaltsbetriebes ein großer und wichtiger Abschnitt fehlen, wollte man die Bestrebungen zur Freizeitgestaltung bei Geisteskranken übersehen. Seit einigen Jahrzehnten sind wir in der glücklichen Lage, von Freizeit bei Geisteskranken zu sprechen, während man sich vorher wenig oder gar nicht mit der Beschäftigung von Geisteskranken und ihrer Freizeit abgab. Dieses Bild änderte sich jedoch innert verhältnismäßig kurzer Zeit; es ist uns nicht bekannt, ob die Prioritätsrechte für die Einführung der Arbeitstherapie Patienten oder ihren Ärzten zukommt. Sehr wahrscheinlich waren es zuerst Patienten, die Arbeit verlangten oder solche ungeheißen zu verrichten begannen. Was aber Arbeitstherapie im klassischen Sinne ist, so muß diese zweifellos als Werk der Psychiater bezeichnet werden, wobei Simon in Gütersloh(1) wohl derjenige ist, der hierin am konsequentesten vorging.

Die wenigsten Menschen sind in der Lage, in ihrer Arbeit allein Sinn und Zweck ihres Lebens zu finden. Bei den meisten außerhalb der Anstalt ist die Arbeit zwar eine Betätigung, die einem mehr oder weniger liegt, deren Hauptzweck jedoch der Lebensunterhalt ist. Innerhalb der Anstalt aber ist die Arbeit ein Arzneimittel. Freizeitbeschäftigung bei Geisteskranken soll ein weiteres nicht minder wichtiges Arzneimittel sein. Jedes Medikament, soll es voll und ganz zur Wirkung gelangen, gehört kunstgerecht gewählt, dosiert und zur richtigen Zeit verabreicht. Durch diese Postulate wird die Bedeutung der Freizeitbeschäftigung ebenso wie die Art ihrer Anwendung umschrieben. Die Freizeitbeschäftigung muß die Arbeitstherapie ergänzen und sich derselben anpassen. Sie hat ferner die Persönlichkeit des Kranken und seine Bedürfnisse zu berücksichtigen. In der Schweiz, wie sonst kaum anderswo, hat fast ein jeder sein Steckenpferd. Dieser Umstand erleichtert außergewöhnlich die Freizeitgestaltung in Anstalten, wenn ihm systematisch Rechnung getragen wird. Die schweizerische Vorliebe für Betätigung in Vereinen (Gesangs-, Turn-, verschiedene Bastlervereine usw.) kommt dem Psychiater zugute.

Der Basler Psychiater John E. Staehelin schrieb vor Jahren, ein geistig gesunder Mensch müße leistungs-, genußfähig und sozial sein. Durch unsere Behandlungsmethoden in der Anstalt sind wir bestrebt, unsere Kranken dahin zu bringen.

Die richtig getroffene Freizeitbeschäftigung soll die wechselwirkende Entspannung nach der Anspannung durch die Arbeit bewirken. Die Freizeitbeschäftigung hat also die Fortsetzung der systematisch durchgeführten Arbeitstherapie zu sein und könnte eigentlich für sich den Namen Freizeittherapie beanspruchen.

Gewisse Arten von Freizeitbeschäftigung sind als Belohnung gedacht und sollen so zum Ansporn für Leistungen im Rahmen der Arbeitstherapie werden.

Freizeittherapie als solche soll auch individuell gehandhabt werden in der Absicht, den Kranken zur Leistungs- und Genußfähigkeit sowie zur sozialen Anpassung zu verhelfen. Die praktische Durchführung der Freizeittherapie hat in erster Linie Dinge zu berücksichtigen, die zu vermeiden oder zu unterlassen sind. Zunächst muß alles vermieden werden, was zur Selbst- oder Gemeingefährdung führen könnte.

Verschiedene Arten von Freizeitbeschäftigung beanspruchen eine gewisse Zeitdauer, welche sich nicht ohne weiteres in die nach der Arbeitstherapie übriggebliebene Freizeit einreihen läßt. Da aber der große Wert der Freizeittherapie schon lange erkannt wurde, wird die hierfür erforderliche Zeit auf Kosten der Arbeitstherapie zur Verfügung gestellt, ein Beweis mehr für die Wichtigkeit der Freizeittherapie. Ferner ersieht man daraus, daß es nicht in allen Fällen möglich ist, eine scharfe Grenze zwischen Arbeits- und Freizeittherapie zu ziehen. Ebensowenig wie die Arbeitstherapie dem Ermessen einzelner Kranker freigestellt werden kann, darf auch die Leitung und die Gestaltung einer systematischen Freizeitbeschäftigung nicht dem Zufall und den Launen einzelner Anstaltsinsassen überlassen werden. In beiden Fällen gehören individuelle Wünsche und Neigungen sowie Begabungen berücksichtigt. Wir haben mehrere Fälle erlebt, wo auf diese Art berufliche Neigungen abgeklärt und im Keime vorhandene, brachliegende Begabungen aufgedeckt und gepflegt werden konnten.

In Königsfelden gelang es – indem der Ausgestaltung der Freizeitbeschäftigung seit Jahren besondere Aufmerksamkeit gewidmet wurde –, dieselbe allmählich immer mehr auszubauen und ihr mannigfaltige Formen zu geben.

Oftmals kostet es große Mühe, eine für gewisse geistige Zustände besonders geeignete Freizeitbeschäftigung einzuführen. Es ist dies auch oft mit Unkosten verbunden. Beides wird aber dadurch gerechtfertigt, daß es sich nicht um bloße Zerstreuung und Unterhaltung von Kranken, sondern um psychotherapeutische Maßnahmen handelt. Im Gegensatz zu der von Laien vielfach geäußerten Ansicht, es handle sich nur um eine Ablenkung der Kranken vom alltäglichen Einerlei des Anstaltsbetriebes, geht es hier in erster Linie darum, den Patienten geistige Nahrung und Anregung zu bieten.

Das Jassen, eine auch bei Männern außerhalb der Anstalt besonders beliebte Freizeitbeschäftigung, ermöglicht es uns oftmals, abweisende und in sich gekehrte Kranke zur Teilnahme an der Geselligkeit zu bewegen. Dasselbe läßt sich auch von zahlreichen Gesellschaftsspielen sagen, die auf den Abteilungen sowohl der Frauen- als auch der Männerseite zur Verfügung stehen, und zwar in einer Auswahl, die sich sehen lassen darf. Bei großer Geduld und Ausdauer des Wartepersonals gelingt es sehr oft, auch solche Kranke zur Teilnahme an Spielen zu bewegen, bei denen man dies für ausgeschlossen halten würde.

Ein geeigneter Lesestoff für große und kleine Ansprüche kann dank einer reich ausstaffierten und fortwährend ergänzten Anstaltsbibliothek regelmäßig bezogen werden. Es sei hier darauf hingewiesen, daß nicht so viele Bücherbeschädigungen vorkommen, wie man von vornherein annehmen würde.

Besonders im Winter werden große Schachturniere organisiert. Es gibt Kranke, die dieses Spiel erst in der Anstalt lernten und sich zu gewandten Spielern entwickelten.

Hin und wieder werden Wettbewerbe für Zeichnen und Aufsatz veranstaltet. Die besten Leistungen werden mit Prämien bedacht und finden bisweilen Aufnahme in der seit Jahren erscheinenden Anstaltszeitung, die übrigen erhalten Trostpreise. Musikalisch Begabte haben Gelegenheit, an Anstaltsklavieren zu üben. Mehrere Kranke haben erst während ihres Anstaltsaufenthaltes das Handorgeln oder ein anderes Instrument erlernt. Zeitweise haben Kranke sogar Konzerte vor der versammelten Anstalt gegeben. Theatervorführungen, wobei alle Schauspieler Patienten sind, werden mit viel Geschick und Erfolg dargeboten. Eine speziell begabte Patientin hat ein Kasperletheater angefertigt und mehrmals zur besonderen Freude von Kindern Vorstellungen gegeben. Dieselbe Patientin hat mehrere Bände Gedichte veröffentlicht und viele Bilder gemalt. Zahlreiche andere Kranke betätigen sich mit Vorliebe als Kunstmaler und Geschichtenschreiber. Verschiedene kunstgewerbliche Begabungen kommen zum Ausdruck in Arbeiten, die zum Teil ihrer Originalität wegen dauernd im Anstaltsmuseum ausgestellt werden. Zu solchen Arbeiten werden oft außergewöhnliche Materialien verwendet, z.B. Staniolpapier oder alte Knochen.

Es besteht je ein Turnverein für Frauen und Männer. Eine diplomierte Lehrerin leitet das Frauenturnen nach den Gesetzen der modernen Rhythmik und unter Musikbegleitung. Anläßlich von Anstaltsfesten haben die beiden Vereine Gelegenheit, einzeln oder gemeinsam ihr Können vorzuführen. Ein Frauenchor unter der Leitung einer Pflegerin hält regelmäßig Gesangproben ab und tritt bei allen festlichen Anlässen auf. Am Sonntagnachmittag werden Spaziergänge im großen Anstaltspark wie auch außerhalb desselben unternommen. Die große Kegelbahn im Anstaltspark tritt dann ebenfalls in Funktion. Mehrmals wöchentlich wird einigen guten Schwimmern Gelegenheit geboten, in Begleitung eines Pflegers diesen Sport zu betreiben.

Mehrmals im Jahr werden bei verschiedenen Gelegenheiten (Jubiläen von Angestellten, 1. Augustfeier, bunte Nachmittage) große Anstaltsfeste abgehalten, die je nach dem Wetter im Festsaal oder auf der Festwiese stattfinden. Hunderte von Kranken beteiligen sich daran als Festredner, Schauspieler, Turner, Sänger, Musikanten und dankbare, miterlebende Zuschauer. Es wird dann sehr lebhaft getanzt, viel gelacht und den dargebotenen Erfrischungen herzhaft zugesprochen. Diese Feste bieten den Rahmen für Geselligkeit im großen Maßstabe.

Hin und wieder wird die Freizeit durch Darbietungen von auswärtigen Vortragsrednern, Künstlern, Filmvorführungen etc. ausgefüllt. Von Zeit zu Zeit werden auch verschiedene Anlässe (Vorführungen, Ausstellungen) außerhalb der Anstalt von unseren Patienten besucht. Dies alles wird von uns zur Freizeittherapie gezählt, weil dadurch der Kontakt mit der Außenwelt unterhalten und das Interesse für verschiedene Gebiete und aktuelle Probleme gefördert wird.

Wie jede andere Therapie gehört auch die Freizeitbeschäftigung nach zwei Richtungen ausgebaut und vervollkommnet. Einmal durch ihre Bereicherung und Differenzierung, dann aber auch indem eine immer größere Anzahl von Kranken ihrer teilhaftig wird. Aus vorstehenden Ausführungen ist zu ersehen, daß in Königsfelden seit Jahren nach diesen Prinzipien gewirkt wurde.

(1) Hermann Simon (1867–1948) entwickelte in Gütersloh/DL eine wissenschaftlich fundierte Beschäftigungstherapie. Vgl. Erwin H. Ackerknecht und Axel Hinrich Murken: Geschichte der Medizin, 7. Auflage, Stuttgart 1992, S. 150.

5.3.5

11. Januar 1945

Schlaf kann als *Affekt* betrachtet werden. Und zwar ebenso, wie etwa Zorn, Freude, Trauer usw. als Affekte bezeichnet werden. Es wäre interessant zu untersuchen, wie der Schlaf die vor dem Einschlafen bestehenden Affekte beeinflußt. Ferner, wie der Schlaf zur Entstehung anderer Affekte führt. Vielleicht ist diese Frage falsch formuliert. Vielleicht entspricht es überhaupt nicht den Tatsachen, wenn von der Entstehung der Affekte gesprochen wird. Es dürfte nicht möglich sein, wenn die Ökonomie des Triebes als eine Form der Energie betrachtet würde. Es gäbe demnach keine Entstehung, sondern nur Umwandlung der Affekte, ein Vorgang, der bei sogenannter Affektlabilität beobachtet werden kann.

5.3.6

22. Februar 1945

Es drängt sich die Ähnlichkeit auf, welche zwischen den bei Normalen zu beobachtenden Spannungs- und Erwartungszuständen einerseits und den Erregungszuständen bei Geisteskranken besteht. Wenn es mir auch zeitweise schien, daß solche Erregungszustände ein Ersatz für eine normale Abreagierung sind, so scheint mir dies kein für alle solche Zustände gültiges Gesetz zu sein. Es kann immer wieder beobachtet werden, daß solche Erregungszustände auch bei Patienten auftreten, welche vorher regelmäßig und intensiv gearbeitet haben. Trotz der vorher bestehenden Abfuhr und Verwendung der Energie kam es immer wieder zu recht heftigen Erregungszuständen. Was wir aber kaum ermitteln können, wenigstens mit den Mitteln der üblichen Untersuchung nicht, ist, ob bei der Arbeit, bei der Betätigung, welcher Art sie auch sein mag, der Zustand der Befriedigung herbeigeführt wird. Das Auftreten eines Erregungszustandes scheint mir eo ipso diese Frage zu verneinen.

Bedenken wir, daß doch wesentliche Unterschiede zwischen den Erregungszuständen bei Psychotischen und Normalen bestehen. Bei Psychotischen zeichnen sich Erregungszustände durch ihre Dauer, ihre Intensität und in den meisten Fällen sicher nachweisbare endogene Auslösung aus. Heftige Erregungszustände bei Normalen gleichen einem Strohfeuer. Sie sind von kurzer Dauer und, wie sich Raimu in einem Film ausdrückte, sie tun einem gut. Sie bewirken eine Entladung, welche als wohltuend empfunden wird. Aber es scheint mir doch keineswegs sicher, daß die Aufregungen der Normalen nur exogen ausgelöst werden. Die Leute ärgern sich und regen sich bisweilen maßlos auf, wenn ihnen etwas nicht in den Kram paßt. Sie haben bei sich eine bestimmte Einstellung gebildet. Sie haben einen Rahmen für ihre Erwartungen erbaut. Ihr Streben richtet sich danach, das Erleben diesem Rahmen anzupassen. Gelingt dies nicht, so können sie sich nicht identifizieren, das Gefühl der Befriedigung bleibt aus, und es kommt zu einer Enttäuschung. Es muß nun noch keineswegs eine Erregung entstehen. Diese aber kann gar nicht mehr unterdrückt werden, wenn es um Dinge geht, welche als vital empfunden werden, welche mit wichtigen oder vielen Komplexen zusammenhängen, oder eben bei solchen Leuten, die sich leicht aufregen. Es wird meist innert kürzester Zeit eine heftige affektive Spannung erzeugt, die sich auf irgendeine Art sofort entladen muß, meist aber in der Form eines Erregungszustandes. Je nach Charakter und Temperament ist dabei eine auffallend rote oder blasse Gesichtsfarbe zu beobachten. Entweder entsteht ein unheilverheißendes Schweigen, oder es kommt sofort zu einem Wortschwall mit meist bedeutendem Stimmaufwand. Meist werden dabei nicht nur obere Extremitäten heftig betätigt, indem es zu einem mehr oder weniger Gestikulieren kommt, sondern auch die unteren Extremitäten geraten in eine lebhafte Bewegung, man läuft heftig hin und her, unter Umständen stundenlang.

5.3.7

25. März 1945

Der Ablauf der Erregung wirft die Frage nach der Entstehung der Erregung auf. Bevor die einem auslösenden Reiz zukommende Rolle gewürdigt werden kann, muß die Frage der Bereitschaft zur Erregung geprüft werden. Daß diese Bereitschaft zur Erregung nicht immer vorhanden ist und auch nicht immer gleich ist, ergibt sich aus zahlreichen Beobachtungen. Beobachtungen, die beim Elektroschock gemacht werden können, bilden einen wertvollen Beitrag. Diese Beobachtungen, wenigstens ein Teil derselben, lassen fragen, ob die Bereitschaft zur Erregung nicht von einer Bereitschaft zur Entladung getrennt werden kann. Diese Frage erübrigt sich nur dann, wenn Erregung und Entladung gleichgesetzt werden. Bei äußerlich Ruhigen bedarf es in den meisten Fällen, unabhängig vom elektrischen Widerstand, ausgedrückt in Ohm, einer geringeren Volt- und Sekundenzahl zur Auslösung eines epileptischen Anfalls. Bei den erregten Patienten gelingt es bisweilen mit einer nicht höheren Volt- und Sekundenzahl als bei Ruhigen, einen Anfall auszulösen. Es kommt aber immer wieder vor, daß bei Erregten, besonders aber bei steifen Katatonen ein epileptischer Anfall nur mit Mühe und erst beim zweiten oder dritten Schocken (innert weniger Minuten) ausgelöst werden kann. Dies könnte freilich auch durch die Annahme erklärt werden, daß bei ohnehin Erregten der Reiz, der zu einer heftigen Entladung führen sollte, viel stärker sein muß als bei den Ruhigen, denn Erregte sind als abgestumpft schwächeren Reizen gegenüber anzusehen.

Interessant ist die in der Mitte zwischen zwei Menstruationen, offenbar bei der Ovulation, eintretende Erregung. Sehr oft aber kann auch eine Erregung kurz vor der Menstruation beobachtet werden. Es wäre noch zu untersuchen, ob eine solche Erregung die verspätete Folge eines mit der Ovulation einhergehenden Reizes oder aber die Folge ganz anderer Reize ist.

Bei einer Erregung kann es sich um einen einzigen Reiz, einen einzigen Impuls handeln. Oder es kann sich um einen langdauernden Reiz handeln. Eine einmalige Beleidigung etwa wäre ein solcher einmaliger Reiz. Das Bewußtsein aber, schwer beleidigt worden zu sein, ohne Satisfaktion erhalten zu haben, wäre ein Dauerreiz.

Angenommen, die Erregung sei, bei einer vorhandenen Bereitschaft dazu, als conditio sine qua non, durch einen kurzen einmaligen Reiz ausgelöst worden. Es handelt sich um einen psychischen Reiz, nicht um eine organische Läsion. Bevor so ein Reiz überhaupt wirkt, muß er intellektuell verarbeitet werden können. Er muß ins Bewußtsein gelangen, er muß zu bestimmten Assoziationen führen, er muß bestimmte Affekte wecken. In erster Linie müssen also gewisse Engramme der Großhirnrinde parekphoriert werden. Was aber dann sich alles abspielt, müssen wir auf Grund unserer Erfahrungen und Betrachtungen ermitteln.

Kemper schildert die sexuelle Entladung beim Coitus als einen Vorgang sowohl im Gebiet des Vagus als auch des Sympathicus. Aus meinen eigenen Versuchen mit DHE und Atropin ist zu schließen, daß zur Beruhigung der Erregten ohne Narkotika sowohl eine Dämpfung des Sympathicus als auch des Vagus erforderlich ist.

Der psychische Impuls vermag also offenbar auf dem Weg über die Thalamusgegend das Gleichgewicht zwischen dem Vagus und dem Sympathicus zu stören. Wir wagen nicht, die Behauptung aufzustellen, es würden durch diesen Impuls sowohl der Sympathicus als auch der Vagus gleichzeitig erregt. Aus dem Umstand, daß beide Innervationsgebiete in den Zustand der Erregung gelangen, ist es nicht erlaubt zu folgern, daß sie dann eben beide erregt worden seien. Sehr wahrscheinlich wird zuerst der Sympathicus erregt. Aus der Störung des Gleichgewichtes resultiert dann die Erregung des Vagus. Sehr wohl möglich aber ist auch der Fall, daß durch die primäre Vagusreizung und die darauf erfolgende sekundäre Sympathicusreizung ebenfalls eine Erregung entstehen kann. Diese Möglichkeiten sollen aber erst geprüft werden. Schon lange habe ich vermutet, daß es sowohl eine Sympathicus- als auch eine Vaguserregung gibt. Dabei habe ich angenommen, daß sich die Sympathicuserregung als eine heftige psychomotorische Entladung äußert. Daß die Manie eine überwiegend sympathische Erregung ist. Demgegenüber behauptet Leonhard[1], die Melancholie sei auf die Reizung des Sympathicus zurückzuführen. Sei dem, wie es wolle, die Erfahrung beweist, daß jede heftige Erregung auch ohne Narkotika gemeistert werden kann, wenn sowohl der Vagus als auch der Sympathicus gedämpft werden. Wird nur der Sympathicus gedämpft, so erfolgt in vielen Fällen eine Beruhigung. Gegen die Behauptung Leonhards, die Manie sei eine Vaguserregung, spricht der Umstand, daß ich sehr viele Erregte durch Physostigmin, also Vagusreizung, beruhigen konnte.

Es stellt sich ferner die Frage, welche Folgen aus dem Zustand der Erregung beider autonomen Innervationen für das Zentralnervensystem entstehen. Hier ist die Sachlage noch ziemlich unklar. Wenn es gelingt, durch DHE + Atropin während längerer Zeit Patienten ruhigzustellen, dann kann man erleben, daß beim Absetzen der Medikation keine Erregung mehr eintritt. In den anderen Fällen wurde beobachtet, daß schon nach geringfügiger Reduzierung der Mittel eine bisweilen recht heftige Erregung eintritt. Vielleicht ist inzwischen die Quelle versiegt, welche die Erregung speiste. Vielleicht sind noch andere Faktoren mit im Spiel, über welche wir noch keine ausreichende Übersicht haben. Bei Sympathicusreizung, z.B. durch Nikotin oder Coffein oder die bei Basedow'scher Krankheit zu beobachtende, kommt es doch selten zu starken Erregungen.

Pulsbeschleunigung und Gewichtsabnahmen sind auch bei Melancholien und bei Angst zu beobachten. Dabei kommt es aber nicht oder nur ausnahmsweise zu heftigen psychomotorischen Entladungen. Dieser Umstand beweist uns zur Genüge, daß es nicht möglich ist, ein einfaches Schema aufzustellen, worin Erregung = Reizung eines autonomen Gebietes ist, Depression aber = Reizung des Antagonisten. Es handelt sich bei beiden Zuständen doch nicht nur um den Vagus oder Sympathicus, sondern um die Gesamtheit der Nervenzentren und Hormondrüsen.

Es stellt sich in diesem Zusammenhang die Frage nach dem Wesen und dem Sinn der Erregung. Wo soll man bei psychomotorischen Entladungen die Grenze ziehen? Was soll man schon zur Erregung zählen und was noch nicht? Muß man sagen können, die Erregung liege dann vor, richtiger, laufe dann ab, wenn man sich diesbezüglich nicht beherrschen könne, wenn man diese Erregung nicht mehr meistern und steuern könne? Aber man hat schon zur Genüge erregte Schizophrene beobachtet, die ihre Erregung doch noch bis zu einem gewissen Grad beherrschen.

Vielleicht ist es so, daß die Bereitschaft zu einer Erregung, das Verlangen nach einer Erregung so dringend wie das Hungergefühl sein kann. Es wird ein Bedürfnis akut, die Erregung eben als ein Erlebnis vorzubereiten. Es wird ein Erlebnis erstrebt und dann auch erfüllt. So gesehen wäre die Erregung geradezu sinnvoll. Was soll man aber von Erregungen sagen, die, wie bei Schizophrenen, wochen- und monatelang dauern und schließlich zum Tode führen können?

Zwischen der Quelle der Erregung und deren Erfolgsorganen, d.h. den Großhirnzentren und den autonomen Innervationen, muß noch eine Instanz sein, die in der Lage ist oder in der Lage sein sollte, die Erregung selber oder die Übermittlung der Erregung zu regulieren, abzuschwächen. Vielleicht liegt so ein Zentrum in der Thalamusgegend. Vielleicht sind mehrere solche Schaltzentralen vorhanden, welche einerseits die Einwirkung der Impulse aus dem Großhirn auf die phylogenetisch älteren Zentren abschwächen und andererseits die Einwirkungen von den autonomen Gebieten aus auf die Großhirnzentren auch abschwächen. Welche Vorgänge sich dort abspielen, ist uns kaum bekannt. Siehe die Arbeit von Birkhäuser in der Schweizerischen medizinischen Wochenschrift.(2)

(1) Leonhard, Karl: Weitere Behandlungserfolge mit Atropin bei Manie und Ergotamin bei Melancholie. In: Zs. für die gesamte Neurologie und Psychiatrie 151 (1934), S. 331–345. S. o. Dokument 4.10.

(2) Birkhäuser, H.: Cholinesterase und Mono-Aminoxydase im zentralen Nervensystem. In: Schweizerische Medizin. Wochenschrift, 71. Jg., 750–752 (14. Juni 1941).

5.3.8

21. Mai 1945

Es soll angenommen werden, daß eine Erregung, die lange andauert, die nicht nur eine kurze, unmittelbare, heftige Reaktion ist, keine Folge einer heftigen Ladung von Energien ist, sondern eine Folge davon, daß sich diese Energien nicht ungestört entladen können. Die Hemmungen und Hindernisse einerseits, die Ladung, Impulse, Trieb andererseits, das ist die Erregung.

Es kann wohl jedermann aus eigener Erfahrung bestätigen, daß er keine Erregung verspürt, wenn er, energiegeladen und voller Tatkraft, auch imstande ist, diese Elemente in Taten umzusetzen. Jedermann wird aber auch aus der Selbstbeobachtung wissen, daß man erregt wird, wenn man wohl handeln sollte und möchte, es aber nicht kann. Dann entsteht ein Gefühl des Unbefriedigtseins, dann entsteht der Zustand der Gereiztheit. Man denke nur an Zeiten, wo man sehr viel Dringliches vorhat, vorhaben muß, nicht aber die Zeit und nicht die Umstände, die das Vorhaben auszuführen gestatten. Es kommt dann immer wieder zu Erregungen, zu Entladungen.

Im Zusammenhang damit müssen die Fälle berücksichtigt werden, da man auf einem Gebiet sich nicht entladen kann, dafür aber auf einem anderen den gestauten Energien zum Ablauf verhilft. Dann kommt es nicht zu einer Erregung.

Sollte die eingangs geschilderte Annahme zutreffen, so wäre noch ein anderer Weg zur Bekämpfung der Erregung vorhanden, nämlich durch die Stimulierung der Erregungsabläufe. Wenn der Trieb, der Impuls, die Energie einerseits sehr stark ist, die Hemmung aber andererseits so ist, daß es zwar nicht mehr einen katatonen Stupor gibt, wohl aber eine katatone Erregung, so sollte durch die Verabreichung eines Stimulans in ausreichender Dosis die Erregung zum Stillstand gebracht werden, weil eben die Energien sich anders entladen könnten. Dann könnten sich die Energien in der Form von geordnetem Denken und Handeln den Ausweg verschaffen. Ob dies in allen Fällen der Erregung erwünscht wäre, ob es nicht in vielen Fällen zu asozialen Handlungen kommen würde, indem das ungeordnete Zeug der Erregung in das geordnetere Zeug des Verbrechens ausmünden würde, das bliebe zu untersuchen.

5.3.9

9. Juni 1945

Die Zustände der gespannten Erwartung können zur Gewohnheit werden, sie können fixiert werden, sie werden zur zweiten Natur, sie können unentbehrlich werden. Man stelle sich nur vor, man warte seit Jahren mit Spannung auf irgendein Ereignis(1). Nach jahrelanger Erwartung kommt die Lösung in der Form, daß die Erfüllung gebracht wird, so, wie man es sich gewünscht hat. Und nun hat man Gelegenheit, eigentümliche Beobachtungen anzustellen. Man wird, wenn die Spannung sehr lange gedauert hat, in den meisten Fällen mitnichten von einem Gefühl der Erlösung und der Freude beherrscht, nein, sondern man verspürt eine Leere in sich, man vermißt die Spannung. Wie oft kommt es aber vor, daß kein Ersatz für diese Spannung gesucht und gefunden wird? Man hat es, im Ganzen, nicht so schwer, an die Stelle des einen Objektes ein anderes zu setzen. Es kommt ja erst in zweiter Linie auf das Objekt an, in erster Linie kommt es eben auf den Zustand der Spannung, der Erwartung an. Dabei muß unterschieden werden zwischen verschiedenen Arten der Spannungs- und Erwartungszustände. Es gibt da zwei Möglichkeiten, man ist entweder passiv, man erwartet, was sich da über einen ergießen wird. Oder man ist aktiv gewesen, man beteiligte sich energisch, eventuell führend an der Erreichung des Zieles. Im zweiten Falle hat man es gewöhnlich nicht so schwer, man setzt sich, nach der Erreichung eines Zieles, ein neues vor usw. Ganz anders verhält es sich in jenen Fällen, wo man sich notgedrungen passiv verhalten mußte, also doch mehr oder weniger Spielball der Mächte war, die, wenn sie stark über einen dominieren, schicksalhaften Charakter annehmen. Man gewöhnt sich daran, mit Bangen, Hoffnung, Furcht, Schrecken und vielleicht noch anderen Gefühlsnuancen eine Erfüllung oder Lösung zu erwarten, einen Ausgang, der erst in zweiter Linie von der eigenen Beschaffenheit und vom eigenen Verhalten abhängig ist, in erster Linie von anderen bestimmt wird, ohne daß auf dieses Verhalten und diese Beschaffenheit groß Rücksicht genommen würde. Man gewöhnt sich daran, vom Schicksal Ungewißheit zu erwarten, ein Spielball des Schicksals zu sein. Man begibt sich in solche Situationen, wo man das sein kann. Nötigenfalls aber schafft man sich solche Situationen selber. Je nach dem Charakter des Betreffenden – oder sollte man sagen des Betroffenen? – wird der Aspekt dieser Situationen sein. Man macht eine Polarreise, deren Ausgang ungewiß ist und die sehr lange dauern wird. Man begibt sich für fünf Jahre in die Fremdenlegion. Bei den meisten Menschen aber sind Ausdauer und Geduld seltene Eigenschaften. Dementsprechend begeben sie sich in solche Situationen, wo sie die Gewißheit haben, nicht lange auf den „Schrecken ohne Ende" warten zu müssen, wo viel eher ein Ende eventuell mit Schrecken gewärtigt werden muß. Es muß immer wieder beobachtet werden, daß solchen Situationen der Charakter der Echtheit meist abgeht, an dessen Stelle ist der spielerische Wesenszug getreten. Dann z.B., wenn es heißt, „Gefahr ist mein Beruf". Oder wenn einer in die Berge geht und sich dabei doch noch so vernünftig aufführt, daß er mit größter Wahrscheinlichkeit heil davon kommt. Anders ist es z.B. bei Leuten, die wirklich mit ihrem Schicksal, mit ihrer Zukunft, ja unmittelbar mit ihrem Leben ein sichtlich gewagtes Spiel treiben. So etwa Einbrecher, vielleicht auch verschiedene Mörder. Vielleicht liegt diese Einstellung auch dem Wesen Ermels[2] zugrunde.

Es ist daraus ersichtlich, daß die Erziehung zur Vermeidung einer solchen Einstellung die wichtigste Rolle spielt. Es muß jede Neurotisierung vermieden werden, sofern sie sich vermeiden läßt. Dann muß der Mut anerzogen werden, die Lebenssituationen jeweils zu realisieren, sich ins Unvermeidliche zu schicken. Und dann, auch in jeder Situation, die einen als nur Spielball erscheinen läßt, doch selber aktiver Spieler zu sein, ein Mann, der es kann, sich selber ein Ziel zu setzen und die Erreichung desselben vorzubereiten.

(1) Zum Beispiel Ende des Zweiten Weltkrieges.

(2) Literarische Figur?

5.3.10

3. September 1945

Das geistige Leben, das gewöhnliche alltägliche Leben, wie es die Menschen zum größten Teil erleben, kann nicht als eigentliche Denkarbeit bezeichnet werden. Die Denkarbeit ist doch eine geordnete, nach einer bestimmten Richtung hin gelenkte, in einem gewählten Rahmen sich abspielende Leistung. Das kann vom „Denken" während des größten Teils des Tages gewiß nicht behauptet werden. Man wird dabei, freilich, verschiedene Gedanken nicht immer los. Man ist nicht leer im Kopf. Und doch kann jedermann durch Selbstbeobachtung und durch Vergleich mit einer Denkarbeit ohne weiteres feststellen, daß es sich bei diesem psychischen Erleben um etwas anderes handelt.

Es handelt sich bei diesem Erleben der eigenen psychischen Leistung während der Hauptzeit wohl unseres Lebens bei den meisten Menschen um nichts anderes als um das Erlebnis der gerade aktuellen Affektsituation in seinem Innern. Die Affekte treten uns in nur verhältnismäßig seltenen Fällen als reine Zustände entgegen und werden nur selten als solche erlebt, z.B. Affekt des unbeschreiblichen und auch unmotivierten Wohlseins oder auch Unwohlseins, des unmotivierten Zornes, der Gereiztheit, der schlechten Laune. Schon bei Kindern kann festgestellt werden, daß Affekte Ströme sind, deren Oberfläche sich immer wieder mit verschiedenen Dingen bedeckt. Diese Dinge werden von uns als Gedanken, Absichten, Ideen, Impulse wahrgenommen. Diese Dinge werden von den Affekten getragen, emporgehoben, sie verschwinden wieder im Strom der Affekte, sie versinken, um lange nicht mehr zum Vorschein zu kommen, dann geraten sie wieder an die Oberfläche. Bald ist dieser Strom reißend schnell, bald sehr langsam und scheint still zu stehen, bald breit und bald ganz schmal. Bald erlebt man ihn als munter und unbehindert daherfließend, bald mit vielen Hindernissen ringend. Bald hat man das Gefühl, Meister seines Gefühls zu sein, bald merkt man, daß man von ihm absolut beherrscht wird und nicht dagegen aufzukommen vermag.

Die Denkarbeit im oben beschriebenen Sinn aber ist im Grunde auch nichts anderes, jedoch wird dabei die Energie des Stromes in eine bestimmte Richtung geleitet, zu einer bestimmten Aufgabe verwendet. So betrachtet wäre die Denkarbeit eigentlich doch eine affektive Leistung.

5.3.11

1. November 1945
Bei der Betrachtung der Wechselwirkung Vagus-Sympathicus im manisch-depressiven Geschehen und bei schizophrenen Erregungen muß man den Unterschied machen zwischen dem Geschehen während dem Ablauf des Vorganges und dem Zustandekommen des Vorganges.

Wie der Vorgang zustandekommt, ist bisher nicht bekannt. Es müssen daher diesbezügliche Theorien aufgestellt werden. Sicher scheint mir nur eines, daß es sich hier nämlich nicht um eine primäre Störung Vagus-Sympathicus handelt, sondern um andere Ereignisse, welche die gesteigerte Tätigkeit des vegetativen Nervensystems zur Folge haben. Diejenigen Fälle, wo in der Folge der vegetativen Störungen Psychosen entstehen, sind in der Minderzahl.

Es stellt sich nun die Frage, ob die gesteigerte Tätigkeit zur gleichen Zeit im Vagus- und Sympathicusgebiet entsteht, oder ob zuerst eines dieser Systeme zur gesteigerten Tätigkeit angeregt wird und dann erst die gesteigerte Tätigkeit des Antagonisten als Reaktion bzw. Kompensation entsteht. In letzterem Fall fragt es sich, ob immer zuerst der Sympathicus die gesteigerte Tätigkeit aufweist, oder ob es zuerst immer der Vagus ist, oder ob sich je nach Fall bald das eine, bald das andere ereignet.

Es scheint, daß es sich um die gesteigerte Tätigkeit des ganzen betreffenden vegetativen Abschnittes handelt. Wenn man klinisch bald das eine, bald das andere Symptom als im Vordergrund stehend verzeichnet, so dürfte es sich in diesen Fällen um eine individuelle Disposition der einzelnen Organe oder Organsysteme oder Funktionen handeln.

Noch eine Frage erhebt sich in diesem Zusammenhang: kommt es bei einer gesteigerten Tätigkeit einzelner Abschnitte eines der vegetativen Nerven auch zu einer Psychose? Oder muß es sich dann nur um z.B. eine paroxysmale Tachykardie, um Darmspasmen, um Durchfälle, um Migräne handeln, ohne daß es zu einer Psychose kommen könnte, wenn nicht der gesamte Vagus oder der gesamte Sympathicus erregt wird? Und weiter fragt es sich, ob es überhaupt möglich ist, daß bei einer starken zentralen Reizung nur einzelne Organe vegetative Erregbarkeit zeigen? Ist es nicht viel eher so, daß die Reizung immer zentral erfolgt, daß, je nach dem Grad des Reizes, bald das ganze System in eine gesteigerte Tätigkeit gerät, wenn der Reiz nämlich stark genug ist. Ist er es aber nicht, so geraten zuerst die beim betreffenden Individuum am leichtesten reizbaren Teile in die gesteigerte Aktivität.

Die Verhältnisse sind nicht immer übersichtlich, wenn es sich um die Wechselwirkung Vagus-Sympathicus handelt. Man stelle sich etwa vor, es erfolge durch eine nicht überaus starke Adrenalinausschüttung eine gesteigerte Herztätigkeit. Dabei wird doch durch diese gesteigerte Herztätigkeit der Herzvagus ebenfalls gereizt. So soll die gesteigerte Herztätigkeit gebremst werden. Es ist leicht denkbar, daß dabei der Vagus seine Leistung überkompensiert. Es kommt dann nicht nur zur Beruhigung der Herztätigkeit, sondern möglicherweise zu etwaigen vagotonischen Symptomen. Diese können während einiger Zeit alleine in Erscheinung treten, während Minuten, Stunden, Tagen? Das wissen wir nicht.

Vielleicht dauert die Sympathicusreizung fort, und dementsprechend bleibt die Vagusantwort unvermindert stark. Wie sollen wir in einem solchen Fall entscheiden können, ob es sich um eine primäre Vagusreizung mit dem Zustandsbild der Vagotonie oder um eine primäre Sympathicusreizung mit kompensatorischer Vagustätigkeit handelt? Und umgekehrt, wenn etwa eine ausgesprochene Sympathikotonie vorliegt? Noch unklarer ist die Situation, wenn, wie in den meisten Fällen, sowohl Vagus- als auch Sympathicusreizerscheinungen angetroffen werden. Es scheint lediglich festzustehen, daß bei solchen Zuständen eben beide Systeme eine gesteigerte Tätigkeit aufweisen, beide daher beruhigt werden müssen. Wir wissen aber, bei unserem heutigen Stand der Forschung nicht, was der „Zünder" ist oder war und ob bald Sympathicus, bald Vagus als Zünder in Frage kommen.

Wir sind also auf Theorien angewiesen. Wir müssen dabei stets daran denken, daß selbst, wenn auf Grund einer Theorie die erreichten Behandlungserfolge dieselbe zu erhärten scheinen, wir uns auch in einem solchen Fall täuschen können. Die Verhältnisse sind eben, durch die Natur der Sache, sehr unübersichtlich. Die sehr große praktische Wichtigkeit solcher Behandlungserfolge, ihr häufiges Vorkommen auch, zwingen uns aber dennoch, uns mit Theorien zu befassen. Mir scheint es sogar, daß dies wohl der einzige Weg sein dürfte, um beim heutigen Stand unseres Wissens einen Einblick in das Geschehen bei Psychosen zu erlangen.

Wenn es mir früher schien, daß bei manischen Erregungen eine Reizung des Sympathicus überwog, während Frank(1) behauptete, es handle sich dabei um eine Vagusreizung (im Gegensatz zur Melancholie, die eine Reizung des Sympathicus sei), so muß ich heute, nach den Ergebnissen der Versuche mit DHE und Atropin, meine ursprüngliche Meinung revidieren. In beiden Fällen, sowohl bei der psychomotorischen Erregung als auch bei der Depression, läßt sich in fast allen Fällen, selbst bei völliger Ruhe, eine Pulsbeschleunigung feststellen, die zwischen 80–120 pro Minute schwankt. Es fehlt in beiden Fällen nicht an anderen Symptomen. Diese lasse ich vorderhand außer Betracht, inklusive Gewichtsschwankungen. Alle diese Symptome sind nicht so leicht und so sicher feststellbar wie die Pulsbeschleunigung.

Durch das Verabreichen von DHE – wenn man es wagt, von Anfang an hoch zu dosieren – kommt es sehr bald zur Beruhigung, ohne gleichzeitiges Verabreichen anderer Mittel. Die Beruhigung tritt aber viel schneller ein, und man braucht nicht so viel DHE zu geben, wenn man gleichzeitig Atropin verabreicht. Die Beruhigung tritt aber nicht ein, wenn die Atropindosierung eine bestimmte Grenze überschreitet. In solchen Fällen scheint sich die Erregung zu steigern. Auch bei Melancholia agitata tritt nach DHE mit Atropin Beruhigung ein.

Vielleicht ist bald der Vagus, bald der Sympathicus der Zünder, je nachdem, ob es sich um eine manische oder depressive Erscheinung handelt. Psychomotorische Erregung bei Schizophrenen soll in die Kategorie manischer Erscheinungen eingereiht werden, über die katatone Steifigkeit soll später die Rede sein. Bei der Erregung etwa, die manisch gefärbt ist, dürfte es sich beim Patienten N.N. zuerst um eine Vagusreizung gehandelt haben. Erst sekundär trat die Sympathicusreizung dazu. Tritt der Zustand einmal deutlich zutage, so können wir lediglich die Erregung des gesamten vegetativen Nervensystems feststellen. Von welchen weiteren Faktoren der Grad der psychomotorischen Erregung abhängt, bleibt dahingestellt. Es steht, nach den Versuchen, lediglich fest, daß durch DHE und Atropin die Beruhigung eintritt. Dies veranlaßt zur Annahme, daß bei solchen Erregungen wohl das primäre die vegetative Erregung und erst das sekundäre die Muskelarbeit ist. In diesem Zusammenhang möchte ich nur die Beobachtung erwähnen, daß etwa nach reichlichem Kaffeegenuß es einen drängt, sich etwas Bewegung zu verschaffen.

Bei einer Depression wäre aber der Sympathicus der Zünder, die Erscheinungen der Vagusreizung müßten als kompensatorisch bezeichnet werden. Es fragt sich aber immerhin, ob man wirklich eine kompensatorische Vagus- bzw. Sympathicustätigkeit annehmen muß oder ob es sich nicht viel eher um eine zwar simultane, jedoch verschieden starke Reizung beider Systeme handelt.

Beim Zustandekommen der Psychosen dürfte der präpsychotische Zustand die Hauptrolle spielen. Darüber wissen wir aber sehr wenig. Wir können nur annehmen, daß Psychosen nach bestimmten Spannungs- und Erwartungszuständen auftreten. Über die Natur dieser Zustände aber sind wir ebenfalls auf Hypothesen angewiesen.

(1) Frank, Ludwig: Die psychokathartische Behandlung nervöser Störungen (Psychoneurosen – Thymopathien). Leipzig 1927.

5.3.12

1. April 1946
(Handschrift)

Spannung. Entstehen der Spannung. Ablauf derselben während des Bestehens der Spannung.
Ursachen der Spannungsentstehung.
Entspannung. Epileptischer Anfall.
„Vivere pericolosamente."
Orgiastische Lebenseinstellung.
Mittel zur Erhöhung der Spannung.
Verursachung der Entspannung.
Spannungsäußerung als Erregung.
Hindernisse vor dem Zustandekommen der Entspannung.
Verminderung der Spannung durch die Herbeiführung einer Entladung, welche die Stärke der Spannung herabsetzt, die Spannung selber jedoch nicht beseitigt, da die Grundursachen der Spannung bestehen bleiben.
Folgen der dauernden Spannung.
Hormone und Spannung. Bei welchen Zuständen entsteht keine Spannung. Verschiedene Äußerung der Spannungszustände.
Ablauf der Affekte beim Kind als spätere Ursachen der Spannungszustände.
Spannung und Kriminalität.
Schuldgefühl als Mitbestandteil der Spannung und der Entspannung.
Entladung die einzige Möglichkeit zur Beseitigung von Spannung?
Entspannung und Humor.
Verschiebung der Spannungen von einem Objekt auf das andere.

5.3.13

13. April 1946
(Handschrift)

Beim Vorgang des Denkens, des Erkennens – beim zielgerichteten, logischen Denken – fällt einem, bei der Selbstbeobachtung, bald auf, daß dieses Denken mit oft erheblichen Widerständen verbunden ist. Man hat die zu diesem Denken erforderlichen Voraussetzungen in sich – und doch geht es nicht, oder nur mühsam und langsam. Man hat die nötige Zielsetzung und die erforderlichen Kenntnisse. Was nötig ist, ist nur der Ablauf der Assoziationen, zum Aufbau von verschiedenen Syllogismen. Es sollte also zu einem schnellen Denkablauf kommen – und doch kommt er nur sehr langsam zustande, ja bisweilen überhaupt nicht.

Die Frage nach den Gründen dieses Ereignisses – bzw. seines Ausbleibens – werden gewöhnlich mit der Behauptung beantwortet, es seien Hemmungen vorhanden. Denkhemmungen aber sind, so lange sie nicht auf einen organischen Schaden zurückzuführen sind, eben affektiver Natur.

Es drängt sich in diesem Zusammenhang, durch die Analogie, ein Vergleich auf. Man kommt ja leicht zur Vermutung, ob nicht jedes affektive zielgerichtete Geschehen (und gibt es ein anderes, auch wenn sein Ziel nicht sofort erkennbar ist?) nach denselben Regeln abläuft, wie sich uns diese besonders deutlich im Vorgang des Orgasmus und den Vorbereitungen dazu zu erkennen geben. In Kemper, Liebesfähigkeit des Weibes, Thieme 1943, sind diesbezüglich brauchbare Angaben vorhanden.(1) Seite 120: Engelmann (Gynäkologe) im Handbuch Staehelis(2): Die Kohabitation mit Orgasmus stelle die Krönung der Leistungen des vegetativen Nervensystems dar. Es wird auch ausgeführt, in welcher Reihenfolge die Entladung im Orgasmus geschieht: zuerst die tonische Phase, gleichgesetzt mit maximaler parasympathischer Innervation. Dann die klonische Phase, deren Wesen als motorische Entladung (seitens des Zentralnervensystems) betrachtet wird. Zuletzt die Lösung, mit dem Umschlag der bisher maximal parasympathischen in die nun sympathische Reaktion.

Angenommen, diese Vorgänge spielen sich, wenn auch weniger intensiv, bei jedem geistigen und seelischen Geschehen ab (weil überall dürfte der vegetative Vorgang die Grundlage und der Motor des intellektuellen Geschehens sein), so muß man sich doch fragen, welchen Anteil dem treibenden und welcher dem hemmenden Teil gehört.

(1) Zu Kemper s. o. Dokument 5.3.1, Anmerkung 1.

(2) Engelmann, F. in Staehelin. S. o. Dokument 5.3.4.

5.3.14

30. April 1946
(Handschrift)
Der Verlauf des Lebens erscheint als orgiastisch. Dies ist in dem Sinn gemeint, daß es beim Individuum immer wieder zu Spannungen und Entspannungen kommt. Dabei aber ist unverkennbar, daß es wohl bei jedem Mensch zu einer starken Stauung der Spannungen mit einer daraus – normalerweise – entstehenden Entspannung kommt. In diesem Sinn ist eben der Ausdruck „orgiastisch" gemeint. Es soll später auf die bei diesen Vorgängen bestehenden Zusammenhänge zwischen orgiastisch und Orgasmus eingegangen werden.

Wenn die Struktur der Spannungen und Entspannungen analysiert wird, dann läßt sich *in allen* feststellen:
1) Ein bei fast allen Spannungen ähnlicher, vielleicht sogar gleicher Mechanismus – das Zusammenspiel einzelner Faktoren im vegetativen Nervensystem und der Hormondrüsen.
2) Der Inhalt der Vorstellungen im Zusammenhang mit Spannung und Entspannung, zugänglich sowohl unserem Bewußt-

sein als auch der Außenwelt. Die Zahl der möglichen Inhalte ist Legion im Unterschied zu 1).
Vielleicht ist bei 1) nur eine Variation nach Intensität und nicht nach der Beteiligung einzelner Faktoren denkbar. Dies soll noch durch verschiedene Analysen abgeklärt werden. Vorher jedoch soll auf die praktische Bedeutung dieser Betrachtungsweise hingewiesen werden, die sich auf die Frage der Befriedigung bezieht. Das Wesen der Befriedigung ist uns im Grunde unbekannt, obwohl jeder aus eigener Erfahrung weiß, was Verlangen, Befriedigung und Unbefriedigtsein bedeuten.

5.3.15

13. August 1946

Das Erscheinen der Thyreoidea bedeutet wohl die Differenzierung einer weiteren Stoffwechselfunktion als maßgebendem Grundfaktor im Leben, d.h. in der Art des Organismus, sich und die Umwelt zu erleben. Es wäre noch festzustellen, auf Grund welcher besonderen Eigenschaften gerade Jod diese wichtigen Funktionen in seinen Eiweißverbindungen eingenommen hat. Es wäre überhaupt noch ein „periodisches System" aufzustellen, nicht nur der Elemente in bezug auf ihre Beziehungen zum Aufbau und den Funktionen im menschlichen Körper, sondern auch ein System verschiedener chemischer Verbindungen von diesem Standpunkt aus.

Thyroxin hat aber Eigenschaften, deren praktische Verwendung noch auf dem Gebiet der Erregung und des Gewebswachstums und Metamorphose erprobt werden könnte. In Analogie zu den Thyroxinwirkungen auf die Kaulquappen könnte Thyroxin auch bei bösartigen Tumoren probiert werden. Vielleicht könnte es auf diese Art gelingen, die bösartigen Tumoren in gutartige überzuführen, sowohl den primären Tumor als auch die Metastasen, und diese gutartigen Tumoren dann operativ zu entfernen. Es soll damit keineswegs behauptet werden, die Ursache des bösartigen Tumors sei eine Disfunktion der Schilddrüse.

Wäre dem so, müßte man bei Kretins ein gehäuftes Auftreten der Krebskrankheit erwarten.

Beim Zustandekommen der Erregung dürfte Thyroxin nicht nur eine regulierende Rolle spielen, sondern es handelt sich hier eventuell um eine Substanz, deren Fehlen oder Defizit das Zustandekommen von Befriedigung schlicht verunmöglicht.

5.3.16

29. November 1946

Zum Ablauf des Triebes ist zu sagen, daß es immer mehr den Eindruck macht, als wären die cortikalen Apparate dazu bestimmt, in erster Linie eine hemmende Wirkung darauf auszuüben. Wenn es freilich auch offenkundig ist, daß die cortikalen Apparate die Eigenschaft haben können, den Ausgangspunkt, ja den Ursprung einer triebhaften Handlung zu bilden. Wie ja die Vernunft überhaupt als die Bühne erscheint, auf welcher über das Zustandekommen oder auch nicht der Triebhandlungen verhandelt werden kann. Doch nur so lange, als die Vernunft überhaupt die ganze Persönlichkeit zu beeinflussen vermag. Was aber mit den triebhaften Energien geschieht, deren Entladung dank den Hemmungen durch das Bewußtsein, den Willen usw. verhindert wurde, ist erst noch eine Frage für sich. Man bedenke nur, wie beim Vorhandensein der aggressiven Tendenz – und diese dürfte ja wohl bei allen Individuen mindestens latent bestehen – mit Überlegungen, mit Aufhetzungen, mit Beeinflussungen aller Art Haß gezüchtet und in seinen Erscheinungsformen geleitet werden kann. So hat man ein klares Beispiel, wie das Bewußtsein, wie die logischen Denkvorgänge dem Triebablauf die Richtung zu verleihen vermögen.

Andererseits aber dürfte es sich in den meisten Fällen anders verhalten. Betrachtet man die Zustände mit einem ausgesprochenen Triebablauf, ich denke dabei vorwiegend an chronische Hebephrene oder Katatone, so beobachtet man hier dieselben

Erscheinungen, die sich bei Kleinkindern ohne Mühe feststellen lassen. Nur erscheinen sie hier verzerrt, oft sind sie nicht wieder als zu dieser Kategorie gehörend zu erkennen, weil eben die erwachsenen Patienten viel mehr Kraft und eine etwas andere Motorik haben. Man sehe sich aber ein in seinem Bett sitzendes kleines, noch nicht einjähriges Kind an. Wie es unbeholfen mit seinen Händen spielt, wie es verschiedene Gegenstände ergreift, ein Blatt Papier zerknüllt, alles zum Bett hinauswirft. Das Verhalten vieler Psychotischer ist ähnlich.

Will man diesen Beobachtungen eine große Bedeutung beimessen, so müßte man daraus folgern, daß das Verhalten vieler Schizophrener beweist, daß das Versagen der Triebregulation vorliegt. Sie sind in das ganz frühe Stadium zurückgefallen. Will man der psychoanalytischen Anschauung betreffend die Katatonen beipflichten, so muß man den Rückfall in das allerfrüheste Stadium, in das intrauterine Verhalten, annehmen. Wo aber sitzt die Störung? Wo spielt sich der Prozeß ab, der den Ablauf des Trieblebens verhindert und solche Rückfälle bedingt?

Unser Bewußtsein ist in erster Linie von der Intaktheit der Funktion der cortikalen Zentren abhängig. Wir kennen kein Bewußtseinszentrum. Wir wissen nur, daß das Bewußtsein aufhört, sobald die cortikalen Funktionen alteriert werden. Es gibt zahlreiche Möglichkeiten dazu.

Wir wissen nicht, welche Schutzvorrichtungen für die Aufrechterhaltung der cortikalen Funktionen bestehen – diese Art der Betrachtung wurde meines Wissens bisher nicht angewendet. D.h. die Beschaffenheit und die Zusammensetzung des Blutes und seiner Bestandteile, das Funktionieren des Zirkulationsapparates vom mechanischen Standpunkt aus, der Ablauf des Gasaustausches, der Zustand der Organe, welche verschiedene Stoffe an das Blut abgeben wie Hormondrüsen sowie solcher Organe, welche Stoffe aus dem Blut entfernten wie Nieren, Leber, Muskeln und andere, usw. Dann aber gibt es im Hirnstamm sicherlich Apparate, die eine ganz wesentliche Rolle beim Zustandekommen der Denkfunktionen spielen. Das stelle ich mir folgendermaßen vor: Aus den spinalen und subcortikalen Gebieten führen bekanntlich zahlreiche sensorische Bahnen, welche alle im Thalamusgebiet umgeschaltet werden. Man stelle sich nur vor, was das bedeutet: Fortwährend und ununterbrochen gelangen Sinneseindrücke aus der Peripherie ins Zentrum. Man sage mir nicht, daß sich das Zentrum auf diese Art an die gewöhnlichen Reize mühelos gewöhne, diese nicht mehr apperzipiere und nur noch sozusagen auf außergewöhnliche Reize durch besondere Reaktionen antworte. Nein. Denn die Lehre von den Reflexen zeigt uns, daß nervöse Systeme fortwährend tätig sind, um eben diese Sinneseindrücke zu verarbeiten und in Bewegungen umzuwandeln, ohne daß dabei das Bewußtsein und cortikale Zentren beansprucht werden müßten. Bei dieser Betrachtung drängt sich die Schlußfolgerung auf: Es müssen im Zentralnervensystem, von den untersten Rückenmarksegmenten bis zu den Stammganglien hinauf, die Zentren die Fähigkeit haben, außer der bekannten ersten Funktion (Reflexe zu produzieren), noch eine zweite Funktion besitzen, nämlich die dort auf dem Wege der sensiblen Nerven oder sensorischen Bahnen ankommenden Reize auszuschalten. Sie müssen also die Fähigkeit haben, diese Reize so umzuwandeln, daß sie vom betreffenden Zentrum aus nicht mehr weitergeleitet werden. Der Reiz kommt zwar an, wird aber nicht mehr über die Synapse fortgeleitet, sondern durch die Verarbeitung desselben in der Zelle sozusagen erledigt. Es soll vorläufig dahingestellt bleiben, auf welchem Weg das geschieht, wie der energetische Vorgang gedacht werden muß, wie der Chemismus der Zelle dabei beeinflußt wird.

Die Zentrenphysiologie befaßt sich nicht mit dieser Seite des Problems. Sie ist vielmehr auf der Suche nach den Möglichkeiten für die Fortführung der Reize von einem Zentrum, von einer Ganglienzelle in die andere. Und doch erscheint uns dies nicht nur als eine bloße Wahrscheinlichkeit, sondern vielmehr als eine feststehende, wenn auch bisher ungewürdigte Tatsache.

Bei der Betrachtung der Reaktion der spinalen Ganglienzellen auf die in ihnen ankommenden sensiblen Reize scheint es uns daher drei Möglichkeiten zu geben:

1) Die Zelle verarbeitet den Reiz zu einem Reflex.
2) Die Zelle leitet den Reiz, nach einem Reflex oder auch ohne Reflex, zu einem weiteren Zentrum.
3) Die Zelle erledigt diesen Reiz in ihrem Innern auf irgendeine Art, worüber später die Rede sein soll. Wir meinen dabei selbstverständlich nicht diejenigen Reize, welche so schwach sind, daß sie sich gar nicht dazu eignen, die Nervenzelle zu irgendeiner Funktion zu veranlassen.

Es kann bei Katatonen immer wieder beobachtet werden, daß bei ihnen die Reflextätigkeit gestört ist. Wenn sie mit starr aufgerissenen Augen daliegen, bleibt selbst der Cornealreflex nicht selten negativ, oder er fällt schwach bis sehr schwach aus. Soll das aber heißen, daß in diesem Fall auch die beiden anderen Funktionsmöglichkeiten der Nervenzentren beeinträchtigt sind?

Mutatis mutandis stellt sich dieselbe Frage bei der Betrachtung der psychomotorischen Erregungszustände Schizophrener. Muß dabei angenommen werden, daß auch dabei alle drei oben angeführten Möglichkeiten der Nervenzentren gestört sind?

Und eine weitere Frage stellt sich in diesem Zusammenhang: Handelt es sich in beiden Fällen um eine und dieselbe Störung, jedoch nur verschiedenen Grades, oder sind es zwei grundsätzlich ganz verschiedene Störungen?

Stellen wir uns ferner vor, daß die Reize aus der Peripherie bis in die Thalamusgegend wie unter normalen Umständen geleitet werden. Die Umschaltung und Ausschaltung· der dort angekommenen Reize sei jedoch gestört. Es sind zwei Möglichkeiten denkbar:

1) In der Thalamusgegend werden die Reize größtenteils ausgeschaltet und gelangen nicht zu den cortikalen Zentren.
2) In der Thalamusgegend werden die Reize nicht ausgeschaltet, sondern gelangen in großer Anzahl und ungeminderter Intensität zu den cortikalen Zentren.

Es erhebt sich ferner die Frage, ob die cortikalen Zentren nicht auch die Fähigkeit besitzen, die dort ankommenden Reize zu verstärken oder abzuschwächen. Die Erfahrung scheint dafür zu sprechen, daß jene Zentren diese Fähigkeit besitzen, ferner, daß diese Fähigkeit durch Übung in hohem Grade ausgebaut werden kann.

6.1 Zusammenfassendes Schlußwort

„Es waren psychisch schwerkranke Menschen, die aus ihrer Krankheit heraus ... in Erregung gerieten, schrien, um sich schlugen, tobten, zerstörten, sich und andere gefährdeten." Die vom heutigen Chefarzt der aargauischen Psychiatrischen Klinik Königsfelden beschriebene Erregung Schizophrener spielt die Hauptrolle in den nun publizierten Nachlaßschriften des Psychiaters Dr. med. Boris Pritzker (1908–1983). Pritzker testete das neue Präparat Dihydroergotamin/DHE 45 der Firma Sandoz AG auf seine beruhigende Wirkung. 1946 kam dieses Produkt auf den Markt, und bis heute wird es erfolgreich eingesetzt, jedoch vor allem gegen Migräne. Die gegenwärtig verfügbaren Psychopharmaka gab es damals noch nicht.

Andererseits liegen umfangreiche Reflexionen Pritzkers vor, die um das Geheimnis von Krankheit, Leben und Tod kreisen. Die Psychose ist dafür gleichsam das Symbol. Diese Texte widerspiegeln das kreative Nachdenken eines Arztes, dem das Wissen unserer Zeit noch fehlt. Der Leser kann die Suche nach Erkenntnis mitverfolgen und nachvollziehen, ein fertiges Resultat wird ihm nicht geliefert.

Die Absicht des Büchleins ist eine historische, nämlich der Blick zurück in den psychiatrischen Alltag vor 50 Jahren. Außerdem feiert die Psychiatrische Klinik Königsfelden ihr 125-Jahr-Jubiläum. Pritzkers Arbeit in dieser Institution (1937–1948) war besonders fruchtbar. Hier entstand auch seine Henkerstudie, die bereits unter dem Titel „Schweizer Scharfrichterkandidaten 1938/1939" publiziert wurde. Zudem ist ein Stück Firmengeschichte der Sandoz AG betroffen. Eine kurze Rückbesinnung nach 50 Jahren scheint um so mehr angebracht, als nun mit Novartis auch im Firmennamen eine neue Ära eingeleitet wird.

Nicht zuletzt geht es aber auch um die Erinnerung an einen Arzt, den es „zufällig" aus Osteuropa in die Schweiz verschlug, der aufgrund seiner jüdischen Herkunft 1938 staatenlos wurde, dann aber in der Schweiz, nach vielen Schwierigkeiten, schließlich eine neue Heimat fand.

6.2 Kurzbiographie von Marthi Pritzker-Ehrlich (geb. 1944)

Aufgewachsen in der Stadt Zürich, Schweiz. Vater Jurist am Obergericht des Kantons Zürich. Studium der Geschichte und deutschen Literatur sowie des Höheren Lehramts an der Universität Zürich. Von 1968 bis 1991 mit Unterbrechungen im Schuldienst an Gymnasien.

1970 Heirat mit Andreas Pritzker, Physiker, dem zweiten Sohn von Boris Pritzker.

1975/1976 USA-Aufenthalt in Princeton, NJ. 1981 Doktorat mit einer Dissertation zur schweizerischen Auswanderung nach Nordamerika im 18. Jahrhundert. Anschließend aktive Mitarbeit in der Swiss-American Historical Society. 1996 Radiosendung zur Dissertation beim Bayerischen Rundfunk: „Genial und korrupt!"

Seit 1980 im Kanton Aargau wohnhaft und hier ab 1991 als freischaffende Historikerin tätig.

1991/1993 Bearbeitung und Herausgabe eines ersten Teils des schriftlichen Nachlasses von Dr. med. Boris Pritzker: „Schweizer Scharfrichterkandidaten 1938/1939 – Materialien aus den Jahren 1938–1946 von Boris Pritzker" (Haag + Herchen, Frankfurt a.M.). 1995 daraus hervorgehende Radiosendung beim Bayerischen Rundfunk: „Von der Lust am Töten".

Ab 1995 Vorstandstätigkeit im „Netzwerk schreibender Frauen".

1997 Herausgabe der zweiten Nachlaß-Publikation: „Sehnsucht nach der Erfüllung". Forschungen zu Psychose und Psychopharmaka von Dr. med. Boris Pritzker, 1940–1948. (Frieling, Berlin)

6.3 Anmerkung zur Textredaktion

BP = Boris Pritzker; Anmerkungen hochgestellt, z.B. (1)
mp = Marthi Pritzker-Ehrlich:

Untertitel, zitiert aus BP-Schriften; Korrektur der Druckfehler, kleinerer sprachlicher Unebenheiten, Anonymisieren von Namen mit N.N.
Ausschreibungen von Abkürzungen sowie Transkription einiger handschriftlicher Texte; Überprüfen und Ergänzen von Literaturangaben, d.h. Vervollständigung von Autorennamen und volle Angabe der Buch- bzw. Aufsatztitel (soweit möglich, z.B. mit Hilfe von Index Medicus und Chemical Abstracts).